AF423858

Producción editorial: Tinta Libre Ediciones
Córdoba, Argentina
Coordinación editorial: Gastón Barrionuevo
Diseño de tapa: Departamento de Arte Tinta Libre Ediciones.
Diseño de interior: Departamento de Arte Tinta Libre Ediciones.

Micholt, Kristof Ralf Hendrik Leon
   Manual de Stand Up I : ¿Cómo hacer Stand Up? / Kristof Ralf Hendrik Leon Micholt. - 1a ed . - Córdoba : Tinta Libre, 2020.
   194 p. ; 22 x 15 cm.

   ISBN 978-987-708-658-4

   1. Talleres Artísticos. 2. Educación Artística. 3. Coaching. I. Título.
   CDD 792.022

Hecho el depósito que marca la Ley 11.723
Impreso en Argentina - Printed in Argentina

DEDICATORIA

Quiero dedicar este libro a mis alumnos porque gracias a ellos puedo compartir mi pasión por el *Stand Up*. Ellos me ayudan a entender de qué se trata realmente hacer reír, me hacen crecer como comediante y me llenan de alegría y orgullo cuando los veo brillar en el escenario.

AGRADECIMIENTO

Quiero agradecer a mi amor, Maio, por acompañarme a realizar el sueño de mi vida que es nuestro club de comedia *Stand Up Club*. ¡Gracias por la dedicación, el aguante y el amor!

KRISTOF MICHOLT

Manual de Stand Up I

¿CÓMO HACER *STAND UP*?
ESCRITURA Y ACTUACIÓN

ÍNDICE

CAPÍTULO 9.
¿SOBRE QUÉ HABLAREN *STAND UP*?

CAPÍTULO 10.
LA INSPIRACIÓN

CAPÍTULO 11.
¿CÓMO SE ARMA UN MONÓLOGO?

CAPÍTULO 12.
PREPARAR LA ACTUACIÓN

CAPÍTULO 13.
EL MIEDO DE SUBIR AL ESCENARIO

Introducción

¡Hola! Mi nombre es Kristof y soy el autor de este libro, *Manual de Stand Up I*. Gracias por adquirirlo y por tomarte el tiempo de leerlo. Por lo que me comentan mis alumnos, sirve volver a leer partes del libro en determinados momentos. Por ejemplo, cuando estás por escribir material nuevo, conviene leer la parte sobre la escritura y los tipos de remate antes de arrancar. También sucederá que algunas sugerencias de este libro van a tener más sentido una vez que hayas estado en un escenario y te hayas topado con dificultades reales y concretas en carne propia. En general, se le dice *Stand Up* al *Stand Up Comedy*, así que para simplificar usaré el término *Stand Up* en este libro.

Este libro corresponde al nivel 1 de mis cursos (el nivel para principiantes) y trata los temas de escritura y actuación. El libro *Manual de Stand Up II* es para comediantes que ya tienen cierta experiencia y enseña cómo vivir del *Stand Up*, presentación, improvisación, eventos y producción. Corresponde al nivel 2 de mis cursos.

Por último, te invito a conocer *Stand Up Club*: nuestro club de comedia en Buenos Aires. Acá está toda la información sobre los shows que ofrecemos: **www.standupclubarg.com**. En este sitio también vas a poder encontrar nuestros cursos.

Introducción al Stand Up

CAPÍTULO 1

¿Qué es el Stand Up?

1. 1. LA ESENCIA DEL *STAND UP*

Hay varias definiciones del *Stand Up* y se puede discutir horas sobre ellas, pero hay dos elementos fundamentales en él: el primero es que una persona sube sola al escenario y el segundo, que hace reír al público (o al menos lo intenta). Podemos profundizar diciendo que esta persona (comediante) hace reír con un monólogo original y único, y que la idea es que su material esté escrito por ella misma o por otra persona que lo escribió específicamente para ella. También podemos definir el *Stand Up* por lo que no es: un comediante de *Stand Up* no hace teatro (no interpreta un guion), tampoco hace chistes populares, de internet o de otros comediantes. La gran diferencia entre el *Stand Up* y el teatro es que no hay una cuarta pared imaginaria que separa al público de la escena. El comediante mira y habla directamente al público, y hasta interactúa con él. El *Stand Up* parece una charla improvisada del comediante con el público. Esto solo es en apariencia, porque los comediantes preparan, ensayan y pulen sus monólogos extensamente (más allá de que pueda haber algo de improvisación, en general es menos del diez por ciento del tiempo del comediante en el escenario).

Al público le importa poco si el comediante escribió su propio material o no. Ellos solo quieren reírse. Pero eso no puede ser una excusa para robar chistes. El proceso de escribir humor exige mucho trabajo: hay que tener la idea, ponerla en papel, trabajarla, probarla y pulirla, y así varias veces hasta que quede bien asentado. Si querés usar un chiste de otro comediante, tenés que pedir permiso.

1. 2.   EL GÉNERO *STAND UP*

Este género es parte de la literatura porque se escribe antes de decir. Dentro de la literatura, toma la forma de un ensayo. El comediante dice algo y después lo justifica con argumentos, todo con humor. Por ejemplo, dice que viajar en transporte público es una miseria y después enumera las razones: porque hay que estar parado en hora pico, la gente está de mal humor, el colectivo no para en la parada, hay mucho olor a transpiración, entre otras.

1. 3.   POPULARIDAD DEL *STAND UP*

El *Stand Up* es tan popular ya que, en general, toca temas que tienen que ver con la vida cotidiana. Los comediantes hablan de cosas que nos pasan o nos podrían pasar a todos y con los que la gente se puede identificar. Esto en oposición a los personajes cómicos de antes, que son más extremos, sacados, absurdos y/o parecen más *clowns* con vidas muy diferentes a las del público.

Y a través del *Stand Up* (y el humor en general) el público hace catarsis. Le gusta pensar y sentir: «*Tengo una vida triste pero la del comediante es peor*». Por eso el elemento de exageración es tan importante en el humor.

1. 4. HACER *STAND UP* ES LO MÁS LINDO QUE HAY

Me siento muy identificado con las razones que dan varios comediantes famosos del Reino Unido al principio del documental *The Art of Stand Up* de la BBC:

~ El *Stand Up* es una oportunidad para contar la verdad, es un lugar donde podés decir todo lo que querés. Podés vender tus ideas y tus pensamientos.

~ Es un medio tan poderoso porque, si está bien hecho, estás riendo y evolucionando.

~ Podés decir todo lo que sentís y traer al público a tu mundo.

~ El público busca una conexión humana con vos.

~ Es la única forma de arte en la que podés sentir la respuesta del público de forma inmediata.

~ Cuando llega la ola de risas, la podés subir como un surfista.

~ Es una sensación mágica, podés hacer lo que querés con el público.

~ Hacer *Stand Up* es como poder volar.

~ Es una adicción. Una vez que lo probás, estás dispuesto a dejar todo.

~ Cuando te bajás del escenario después de un show genial, lo único que querés es volver a subir lo antes posible y hacerlo de vuelta.

El *Stand Up* nunca aburre. El comediante tiene total libertad de presentar el material que quiera. Con el tiempo, va cambiando como persona y su material evoluciona con él. Siempre hay temas nuevos e interesantes para explorar. Por otra parte, no hay ningún show ni público iguales, siempre pasan cosas inesperadas.

Cuando logramos vivir del *Stand Up* (es difícil, pero se puede), ¡somos nuestro propio jefe! Obviamente, no todo es color de rosa. No es fácil ser tu propio jefe, hay que tener disciplina y saber que no hay nadie a quien culpar por tus fracasos. Hay mucho ego en el ambiente del *Stand Up*, tal vez más que en otros contextos de la vida. Es inevitable porque para pararse solo en un escenario, delante de un público totalmente desconocido y querer hacerlo reír, hay que tener un ego bastante importante, pero este también se aprende a manejar.

1. 5. EL *STAND UP* TIENE SU PROPIA FORMA

Hacer *Stand Up* no es simplemente subir al escenario y contar un par de tonterías. El que sabe hacer reír a sus amigos, claramente tiene talento para el *Stand Up*, pero no alcanza. Para hacer *Stand Up* hay que aprender su forma, y esto lleva tiempo y trabajo.

El público de *Stand Up* tiene una audición educada, no lo saben pero la tienen. Y esperan mínimo tres, cuatro risas por minuto. Para que esto suceda, el monólogo tiene que ser armado con el formato de *Stand Up*. Es algo bastante técnico y al mismo tiempo está diseñado para sonar como una charla cotidiana. La sorpresa se genera por la estructura y no por el contenido. Se puede hacer un chiste sobre energía nuclear o sobre un vaso de leche siguiendo la misma forma.

1. 6. HAY UNA EXCEPCIÓN A CADA REGLA

Es importante aclarar que, para cada regla, lección y sugerencia en este libro, hay un comediante que hace exactamente lo opuesto ¡y le funciona! El humor no es una ciencia exacta. Un buen ejemplo es Andy Kaufman (Estados Unidos). Parecía hacer todo en contra de las reglas, pero a él le funcionaba.

Pero para poder torcer, manipular y hasta cambiar las reglas, primero hay que conocerlas y saber ponerlas en práctica. Con el tiempo y la experiencia, podemos llegar a crear una persona escénica con sus propias reglas y códigos.

Ícono del *Stand Up*: Andy Kaufman

La vida de Kaufman tiene muchos misterios. Nadie sabe bien qué es verdad y qué no. Murió cuando tenía poco más de treinta años y eso en parte ayudó a crear un mito. Hasta el día de hoy, existen conspiraciones sobre la inverosimilitud de su muerte. La película *Man on the Moon* con Jim Carrey, que interpreta majestuosamente a Kaufman, muestra cómo él era.

Hoy, es considerado un genio. Claramente, tenía un estilo atrevido, radical y llamativo. Le gustaba hacer parecer que le iba terriblemente mal, de una manera no prevista. En general, no actuaba en el escenario pero sí en tu mente, te hacía preguntarte todo el tiempo: «¿qué está pasando?». Él decía no ser un comediante sino más bien un artista que jugaba con el público. Para él, el hecho de que lo hacía en clubes de comedia, programas de comedia en televisión y la serie *Taxi*, era solo coincidencia. Hacía reír a algunos y a otros no, pero hay que reconocer que era diferente. Era un actor, cantante, músico del bongo y un sorprendente imitador de Elvis. Tenía varios personajes, como el muy desagradable cantante Tony Clifton y un extranjero que cantaba y hablaba en un idioma totalmente inventado.

CAPÍTULO 2

Hacer reír es lo más lindo que hay

2. 1. ¿POR QUÉ HACER *STAND UP*?

Si todavía estás dudando sobre si el *Stand Up* es para vos, fijate si sentís afinidad con algunas de las siguientes frases.

~ Querés vivir de lo que te gusta.

~ No podés parar de hacer chistes.

~ No podés parar de hacer chistes y ya no te soportan ni tu pareja, ni tu vieja, ni tu papá, ni tu perro.

~ Estás harto de tu trabajo de 9 a 18 hs.

~ Sos mucho más gracioso que todos los que suben al escenario, todos los que hacen videítos y memes.

~ Tenés huevos u ovarios y ya es hora de demostrarlo.

~ ¡Sentís que hacer reír a la gente es lo tuyo!

Si una o más respuestas se aplican a vos, seguí leyendo.

2. 2. EL GEN DEL COMEDIANTE

Ahora la segunda pregunta es, y todavía más importante que la primera: ¿tenés lo que hace falta para hacer *Stand Up*?, ¿algunos de los siguientes aspectos te pasan?

~ ¿Siempre te preguntás si el mundo es raro o si vos lo sos?

~ ¿Tenés una familia rara y diferente?

~ ¿Sos el exagerado de la familia?

~ ¿Imitás a tu abuelita cuando ella no te ve o, mejor aún, cuando te ve?

~ ¿Siempre tenés una opinión sobre todo? ¿Sos (o te creés) un experto en política, religión o envases de champú?

~ Cada vez que pasa algo feo, ¿pensás en el lado gracioso? Por ejemplo, cuando alguien se cae en la calle o cuando se enferma tu suegra.

~ ¿Siempre tenés un pedo listo para tirar en el momento menos oportuno?

~ ¿Tuviste parejas o citas que resultaron ser cualquier cosa?

~ ¿Contarías cualquier intimidad vergonzosa sobre tu vida solo para hacer reír?

~ ¿No parás de hablarle a objetos (la tele, tu celular o a tu mascota)?

~ Cada vez que ves a un humorista que te gusta, que te hace cagar de risa, que te parece un genio, pensás: «*¿Yo lo puedo hacer mejor?*».

Si contestaste "SÍ" a algunas de estas preguntas... ¡tal vez la comedia te pueda salvar la vida!

2. 3. LA EDAD PARA HACER *STAND UP*

No hay edad mínima ni máxima para hacer *Stand Up*. Por un lado, Seth Rogen y Jim Carrey arrancaron a los quince años, y Lucas Lauriente (Argentina) a los diecisiete. Por otra parte, Phyllis Diller tenía treinta y siete años cuando inició. Ricky Gervais tenía cuarenta años cuando lanzaron su serie *The Office* y recién después comenzó con el *Stand Up*. Rodney Dangerfield tenía cuarenta y nueve años cuando arrancó (quince años antes había hecho un intento sobre lo cual dijo: "Cuando dejé la comedia, el único que se enteró, fui yo") y lo hizo hasta su muerte, a los ochenta y tres años. ¡Nunca es tarde para arrancar con el Stand Up!

Tampoco hay edad jubilatoria para el humor! George Carlin grabó su último show meses antes de su muerte, a los setenta y dos años, y Joan Rivers también actuó hasta el final, a los ochenta y un años. En Argentina, está el ejemplo de *Les Luthiers* (aunque no hacen *Stand Up* propiamente dicho) del cual varios de sus integrantes siguen trabajando a los setenta y cinco años.

Pionera del *Stand Up*: Phyllis Diller

Phyllis Diller (EE.UU.) fue una pionera del *Stand Up*. Era contadora de chistes, de los mejores. Cuando estaba enchufada, no paraba. "Nos alojamos en un hotel tan barato, que ellos nos robaron las toallas a nosotros", decía.

Su personaje escénico era el de una mujer renegada: "Me tenía que colgar un bife en el cuello para que mi perro quisiera jugar conmigo". "Estaba casada con un hombre que no hacía nada y tenía una familia extensa de inútiles", comentaba ella. Sobre su suegra decía: "La única razón por la que mi suegra no estuvo en el Arca de Noé es porque no pudieron encontrar un animal igual a ella".

Diller arrancó tarde con el *Stand Up*, en 1955, tenía treinta y siete años y cinco hijos. Ella no tenía demasiada idea de lo que hacía, pero de a poco fue juntando un equipo de escritores de chistes (a pesar de que ella escribía la mayoría) y fue puliendo una persona escénica extravagante y excéntrica. Siempre trataba de verse única, con muchos accesorios y minifaldas. Tenía piernas súper delgadas y graciosas, y lo aprovechaba al máximo.

Siempre tenía un contenedor de cigarrillos en la mano. Era un accesorio de madera que le daba cierta hostilidad, y era un pretexto para mantener su mano siempre arriba y la atención del público. Ella decía: "Era subliminal, pero funcionaba".

---

2. 4. ¿HACE FALTA UN LIBRO O UN CURSO PARA HACER *STAND UP*?

Cualquier persona se puede anotar en un show de *Stand Up* para comediantes novatos (*open mic*). Están abiertos a todo el mundo y sin condiciones. Es fácil entrar al *Stand Up*. Eso es genial. No hay que hacer un curso ni leer un libro. Ni siquiera hay que tener formación en teatro.

Hace mucho que existe el *Stand Up* en diferentes países y miles de comediantes ya fueron descubriendo lo que funciona en el humor (y lo que no). Así, se instalaron algunas reglas sobre cómo escribir y actuar *Stand Up*. Conviene aprender de lo que funciona desde el principio, así todo el proceso se hace más efectivo, más rápido y más placentero. Se puede construir una carrera a prueba y error pero lleva mucho más tiempo, energía y frustración. Cada vez que te va mal en el escenario, sentís un fuerte rechazo.

2. 5. EL *STAND UP* COMO PREPARACIÓN PARA GUIONISTA, CINEASTA O ACTOR

El *Stand Up* es la preparación ideal para ser guionista, cineasta o actor. Woody Allen ya era un guionista exitoso cuando llegó a la oficina del famoso agente Jack Rollins. Allen le expresó el deseo de hacer películas y Rollins lo obligó a hacer *Stand Up*. Según él, era la mejor forma para prepararse: a través del *Stand Up* iba a aprender qué mueve a la gente e iba a entender mejor los tiempos y el ritmo de los diálogos.

Antes de subirse por primera vez al escenario, Allen estaba tan nervioso que quería cancelar el show y pagarle al público para que se vaya. Pero Rollins lo convenció. Allen se subió y… le fue mal. Muy mal. Rollins cuenta lo siguiente sobre los principios de Allen en el *Stand Up*: "Los primeros 18 meses fueron horribles. Era el peor comediante que te podías imaginar; tenía cero gracia en el escenario. Finalmente, las cosas cambiaron. Obtuvo una sonrisa, después una risa y al final se convirtió en un personaje de culto".

El *Stand Up* también es una buena preparación para ser actor. A los directores de cine les gusta trabajar con comediantes de *Stand Up* porque están acostumbrados a actuar en vivo, a que sus actuaciones tengan que salir bien a la primera. Por eso, no necesitan muchas tomas para grabar una escena. También entienden bien el ritmo, las pausas y los silencios de los diálogos. En Estados Unidos la mayoría de los actores cómicos surgieron del *Stand Up*: Richard Pryor, Rodney Dangerfield, Steve Martin, Robin Williams, Jim Carrey, Adam Sandler, Whoopi Goldberg, Roseanne Barr, Jamie Foxx, Dane Cook. Igual que los presentadores de los famosos *talk shows*, como Jay Leno, Ellen DeGeneres, Jimmy Kimmel, Jon Stewart y Conan O'Brien.

CAPÍTULO 3

Mi historia en el Stand Up

3. 1. COMIENZO EN EL *STAND UP*

Quiero contarte cómo fue mi camino por el *Stand Up*. Obviamente el tuyo será diferente, pero ojalá el mío te pueda dar ideas, coraje y tal vez hasta inspiración.

Primero te cuento por qué vivo en Argentina, porque es la pregunta que me hacen siempre. Yo vine a Argentina en el 2002. Fue por un intercambio de estudios en la Facultad de Derecho en la UBA. El intercambio era de cuatro meses y mi idea era viajar por el mundo después. Pero conocí una chica, me quedé un año y medio en Argentina y después de unas idas y vueltas, me casé y me instalé en Buenos Aires. Trabajé siete años en turismo, organizando viajes para belgas en Argentina. A principios de 2009, me divorcié y por casualidad, o no, poco después me anoté en un curso de *Stand Up*. Tenía veintinueve años y la verdad es que hasta entonces nunca había pensado en hacer *Stand Up*. Ser comediante no era un sueño para mí. Es más, ni siquiera era un consumidor de *Stand Up*. Recién cuando me anoté en el curso, comencé a ver shows en vivo. Me anoté principalmente porque quería perder el miedo a hablar en público. Hoy en día, no lo perdí del todo pero sigo haciendo *Stand Up*.

Aparte de organizar viajes, también guiaba *city tours* por Buenos Aires y me sentía muy nervioso cuando era un grupo grande. Pensaba que el *Stand Up* me iba a ayudar con eso y la verdad es que sí. Una vez que aprendí a manejar la presión de hacer reír a un grupo de conocidos, hablar en público ya no era algo que me preocupaba demasiado. Además, había otra razón por la que el *Stand Up* me daba curiosidad. Unos meses antes, había dado un discurso en la fiesta de casamiento de mi mejor amigo. Le había puesto bastante humor. Sufrí mucho por los nervios (no solo esa noche, sino desde días anteriores), pero salió bien: la gente se rió y lo disfruté. Unas semanas después estaba viajando en colectivo y vi una publicidad para un curso de *Stand Up* pegado en un árbol. Y me anoté.

3. 2. LA MUESTRA

Para la segunda clase del curso, la profesora nos había pedido llevar algo escrito: un chiste, una historia o alguna anécdota graciosa. Yo escribí sobre algo que siempre me había llamado la atención en Argentina: estas personas, en general chicas jóvenes, que cuando sube una anciana al colectivo, gritan pidiendo un asiento. Nunca había visto algo así en Bélgica ni en otro país. Me parece una actitud genial. Hablé de eso en el escenario. Fue una historia larguísima, pero al final se rieron. La sensación fue increíble. Disfruté muchísimo haber escrito algo sobre mi propia vida y que se hayan reído con eso. En ese momento, supe que quería hacer reír, que quería hacer *Stand Up* y dedicarme a eso. De todos modos, yo no se lo dije a nadie porque ya había tenido muchos sueños: ser abogado, psicólogo, instructor de buceo, tener un bar de cerveza belga… y cada vez había resultado en nada (porque se me pasaba el entusiasmo, porque la idea me atraía más que el hecho de hacerlo) y había aburrido a muchísima gente con mi entusiasmo por algún plan que meses después desaparecía. Lo bueno era que esta vez la idea de cómo podía ser algo no era un simple enamoramiento. Esta vez lo hice, escribí y actué un chiste, y después nació el sueño.

Unos meses después llegó el día de la muestra. En realidad, con bastante retraso porque hubo, de por medio, gripe porcina en el mundo. Estaba muerto de nervios. Mis compañeros todavía me cuentan lo pálido que me veía. Como dije antes, siempre había sentido terror a hablar en público. Fue una de las razones por las cuales no quería ser abogado a pesar de tener el título: el miedo de hablar delante de un juez, fiscales, otros abogados y el público en general. Paralizado por el miedo, toda la semana anterior a la muestra no había podido pensar en otra cosa. No podía trabajar, no podía comer, no se me paraba… *nah*, chiste, siempre puedo comer. Después de decir mi primer chiste, hubo un silencio de uno a dos segundos… ¡y el público estalló, por suerte! Salió genial y terminé mi monólogo con el chiste sobre la chica y la anciana en el colectivo (que de una historia de una hoja entera, se había transformado en un chiste de tres reglones).

3. 3. ESTADOS UNIDOS Y JUDY CARTER

Hice la muestra en el mes de diciembre de 2009. Como en esta época no había mucha posibilidad de actuar en los meses de verano en Buenos Aires, decidí viajar a Estados Unidos para hacer un curso con la famosa maestra del *Stand Up*: Judy Carter. Se la consideraba la mejor. Fue bastante decepcionante, principalmente porque ella no dio el curso entero, solo una clase de siete. Por suerte, esta clase sí fue muy buena (fue la cuarta clase).

Con ella, cada alumno tenía diez minutos: cinco para decir el monólogo y cinco para que ella haga su devolución. Hasta ese día, me había sentido bastante perdido. Estaba probando de todo y no me funcionaba casi nada. Mi error fue no haber querido hablar sobre ser belga y, por ende, extranjero porque ya había hablado de eso en la muestra en Argentina. Ella me puso los puntos, me dijo: "Tenés que hablar de Bélgica, contar por qué estás en Los Ángeles y por qué vivís en Argentina. La gente escucha un acento extraño. Hay que explicarlo. De lo contrario, no te prestarán atención". Le hice caso y mejoré bastante.

No hice la muestra con los demás alumnos. Por alguna razón, se pospuso la fecha hasta después de mi viaje de vuelta a Buenos Aires. No podía cambiar la fecha y Judy arregló que yo actuara en un show un sábado a la noche en *The Improv*. Nuevamente, sufrí mucho porque estaba nervioso, pero por suerte mi ignorancia sobre algunas cosas hizo que no lo pasara peor. Por ejemplo, no me dijeron que era un show profesional (solo me di cuenta cuando llegué ahí y vi que la gente estaba pagando una entrada). Encima, me mandaron en primer lugar, por suerte yo aún no sabía que ese era el lugar más difícil en un show. Actué para una sala casi llena y salió bien. Hasta el día de hoy, es una de las funciones que más recuerdo. Me hizo bien, especialmente porque unos días antes había tenido una de mis peores experiencias. Había ido a un *open mic* en el barrio de North Hollywood. Tuve que pagar cinco dólares para participar y lo hice, junto a veintitrés comediantes más. Solo había una persona en el público. No te daban el orden de los comediantes, sacaban los nombres aleatoriamente cada vez que tenía que subir alguien, y cada vez que hacían el sorteo mis nervios daban un salto. Pasé anteúltimo, ya estaba cansadísimo de tantos nervios y encima tuve que actuar para dos personas, porque cada vez que un comediante había actuado, se iba. Si en ese momento no hubiese tenido la buena experiencia de la muestra en Buenos Aires, tal vez no subía nunca más a un escenario.

3. 4. UN AÑO EN ARGENTINA

Al final el balance de mi viaje a Estados Unidos fue positivo. Volví con un poco más de experiencia y confianza a Argentina, donde me seguí formando y actué sin parar durante un año. Llegué a hacer casi ochenta funciones durante el 2010 y terminé haciendo un unipersonal para amigos y conocidos. Al final de ese año, decidí volver a Bélgica, en parte por razones personales y en parte porque quería probar *Stand Up* ahí. En mi país, había comediantes que se estaban haciendo famosos solo por hacer *Stand Up*, algo que todavía no pasaba en Argentina.

En Buenos Aires me iba tan bien que pensé que en poco tiempo iba a ser el *Seinfeld* de Bélgica, pero la realidad fue otra.

3. 5. BÉLGICA, HOLANDA E INGLATERRA

Volví a Bélgica con la firme intención de vivir del *Stand Up* lo antes posible. La primera vez que actué allí fue horrible. Actué en el *open mic* del club de comedia más importante, *The Joker*, en Amberes. Podía hacer siete minutos y creo que me bajé después de cinco. Obtuve una sonrisa, mucho silencio y un par de toses bastante incómodas. Fue una desilusión tremenda. Pero seguí, más que nada por mis experiencias en Argentina que me daban la convicción de que podía hacer reír.

Como no había tantos shows en Bélgica, también viajaba a Holanda e Inglaterra para actuar. En estos países no me iba tan mal. Se notaba que tener la mirada del extranjero me ayudaba bastante.

Pasé tres años en Bélgica recorriendo el circuito de los *open mic*. La verdad es que no la pasé bien. En el escenario a veces me iba bien, a veces me iba mal, y a veces más o menos. El tema era que tampoco la pasaba bien en el plano personal. Socialmente, era un caso aparte. Cuando alguien en Bélgica a los veinte años persigue el sueño de vivir del arte, es algo simpático. A los treinta años, con un título de abogado encima, ya pasaba a ser un rarito. Además, no me acostumbraba a vivir de vuelta en Bélgica. Era el típico caso de alguien que había vivido años en otro país y ya no se sentía en casa en ningún lado. Entonces, cuando un compañero de curso en Buenos Aires me contó que estaba viviendo del *Stand Up* en Argentina, pensé: «*Si él puede, yo también*». Sentía que me faltaban cinco años para poder vivir del *Stand Up* en Bélgica, así que decidí volver a Argentina. Por suerte, fue una buena decisión.

Al mirar hacia atrás, creo que mi gran error en Bélgica fue querer hablar demasiado de mi vida en Argentina. Pensé que era lo que me hacía diferente de los demás comediantes, pero no era algo que interesaba demasiado al público. Es como cuando alguien te dice que vivió en Ucrania por siete años, vas a querer saber un par de cosas sobre su vida ahí pero no que hable una hora de eso. Porque no conocés el país, no sabés cómo es vivir ahí, en definitiva, no te interesa porque nada tiene que ver con tu vida. Y una de las cosas que más nos gusta como público es poder identificarnos con lo que cuenta el comediante. También, me faltaba conexión con el público belga. Sentía que no compartía las mismas inquietudes y problemas, supongo por haber vivido tanto tiempo afuera.

3. 6. VUELTA A ARGENTINA

Volví a Argentina a principios del 2014 y comencé a vivir del *Stand Up*. Mi primera participación en *Bendita TV* me dio un empujón importante, y el primer año viví principalmente de eventos (shows en cumpleaños, casamientos, empresas).

En septiembre de ese año, estrené mi unipersonal *Un belga en Argentina*, todos los jueves en el *Paseo la Plaza*. Un par de meses después, Tato Broda me propuso formar parte del show *FURIA Stand Up*. Crecimos juntos y, un año después, podíamos decir que vivíamos del *Stand Up*. Teníamos hasta cinco shows por semana y, aparte de ser comediantes, nos convertimos en productores, remándola bien desde abajo (hasta volanteábamos al principio). Fue la primera vez en mi vida que sentí que vivía de algo que realmente me gustaba hacer.

Trabajé dos años en el *Paseo la Plaza*. En ese período, volví a actuar en *Bendita TV* y participé en *Ciudad Emergente*. En 2016, me abrí del *Paseo la Plaza*. Es un lugar genial para sumar experiencia pero el trato de los dueños de los teatros no era el mejor. Comencé a producir shows en Zona Oeste, asociándome con un amigo que ya tenía un proyecto andando allí, y arranqué como profesor de cursos (ya había trabajado como asistente en varios). En esa época, grabé para *Comedy Central*.

3. 7. *STAND UP CLUB*

En 2018, abrí mi propio club de comedia: *Stand Up Club*.

Desde el principio, me llamó la atención que siempre me iba mejor en ciertos lugares (más allá de que como comediante uno puede tener un mejor o peor día). Me fascinaba que las risas no solo tuvieran que ver con tener buen material y ser buen comediante, otros factores influían también: la sala, la comodidad, la ubicación de las sillas y mesas (mirando al escenario o no), que el sonido te permitiera escuchar bien, que la iluminación te dejara ver la cara del comediante, la ausencia de distracciones (televisores prendidos, baños cerca del escenario). Todo formaba parte de un buen show.

Así fue surgiendo mi idea de abrir mi propio club de comedia. Se convirtió en un sueño y tuve un empujón muy fuerte en agosto de 2015, cuando estaba en París con mi novia Marina, delante del portón de un teatrito llamado *Le Bout*. Tenía capacidad para cuarenta personas y aparte funcionaba como escuela de humor. Compramos dos entradas e ingresamos. La salita estaba repleta.

Había un clima hermoso, íntimo. Por el idioma, ella no pudo entender mucho del show pero pudo sentir el ambiente que se generaba ahí adentro. Salimos de la función y le dije: "Esto es lo que quiero: un pequeño club de comedia, cálido y acogedor". Y me respondió: "¡Tenemos que hacerlo!".

Comencé a buscar un local en Buenos Aires. En el camino, aprendí conceptos totalmente nuevos como *teatro independiente, habilitación, zonificación*. Un día, encontré el local en un subsuelo en la calle Paraná. ¡Me llevó cuatro años dar con el lugar que cumplía con todos los requisitos! A partir de ese día, empezaron a entrar en nuestra vida personajes tales como habilitadores, arquitectos, albañiles… gente que se manejaba con otros calendarios (como los años de los perros, en los que un día de ellos son siete tuyos). Pero, finalmente, abrimos *Stand Up Club*. Después de ocho meses de obra y cuatro años de búsqueda, el sueño se hizo realidad.

3. 8. LIBROS

La tardanza de las obras me dio tiempo para terminar mi primer libro de *Stand Up*: *Manual de Stand Up*. En primer lugar, lo había pensado como una guía para mis alumnos. Pero el contenido se fue extendiendo, hasta que nació la idea de un libro. Se publicó en 2018 y fue el antecesor de este libro que tenés en las manos, *Manual de Stand Up I*.

Los libros son el resultado de mis experiencias en diferentes países y de mis diferentes roles dentro del *Stand Up*: comediante, profesor y productor.

3. 9. HOY

Ya pasaron diez años y más de mil shows, sin embargo todavía me pongo nervioso antes de actuar (por suerte solo dos minutos antes y no una semana) y sigo pensando y sintiendo lo mismo: ¡hacer reír es lo más lindo que hay!

A partir de mi propia experiencia, y después de haber enseñado *Stand Up* a decenas de alumnos, sé que el talento es solo un diez por ciento. No te puedo garantizar que te vas a convertir en un comediante famoso y millonario, pero cualquiera que realmente quiere y hace el camino correcto, puede aprender las técnicas y herramientas de escritura y actuación del *Stand Up* y alcanzar el nivel de un *headliner* (el comediante que cierra) de un show profesional de *Stand Up*.

CAPÍTULO 4

Historia del Stand Up

4. 1. LA ÉPOCA MEDIEVAL

Los monólogos de humor nacieron en el año 1500 en las obras de teatro. Para hacer los cambios de escenario entre actos, alguien tenía que subir y hacer algo. Así, aparecieron los primeros humoristas. Al principio, hablaban con el público pero con el tiempo fueron haciendo monólogos. Un buen ejemplo es el de Marcos Mundstock de *Les Luthiers*. Sus monólogos daban tiempo para hacer los cambios de escena, en este caso principalmente sacar y poner instrumentos.

4. 2. LA HISTORIA DEL *STAND UP* EN EE.UU.

El *Stand Up*, como género, nace en Estados Unidos que, junto con Inglaterra, sigue siendo el país donde tiene más presencia en el movimiento cultural.

Pionero del *Stand Up:* Bob Hope

Bob Hope fue el primer comediante que se alejó del típico chiste de la suegra. A principios de 1930, comenzó a hacer chistes livianos sobre temas de la actualidad (sin llegar a ser una protesta ni una crítica). Tenía un equipo de escritores y no lo escondía. Decía: "Tengo una guarnición de emergencia en mi casa contra terremotos, con comida, agua y media docena de escritores".

También es muy conocido por su compromiso con las tropas de EE.UU. estacionadas en el extranjero. Durante casi sesenta años viajó por el mundo para actuar para ellos.

Al principio de su carrera, contrataba personas para que lo molestaran a propósito durante su show (*hecklers*). Le gritaban cosas para generar una interacción divertida. Les decía, por ejemplo, "Chicos, ¿no saben que pueden ser arrestados por molestar al público?", y uno de ellos le contestaba: "¡Usted lo tendría que saber!".

LA APARICIÓN DEL TÉRMINO *STAND UP COMEDY*

En 1947, apareció por primera vez el término *Stand Up Comedy* en las publicaciones de revistas importantes en Estados Unidos, como *Variety* y *Billboard*. A partir de ahí, fue usado por productores, teatros y clubes para describir un tipo de actuación específica: una persona que actúa sola, parada delante del escenario, únicamente contando chistes, sin necesitar acompañamiento musical.

En 1948, debutó el show de Ed Sullivan (originalmente se llamaba *The Toast of the Town*) en el canal de televisión CBS. El show es más recordado por presentar bandas de *Rock and Roll*, entre ellos Elvis Presley en 1956 y *The Beatles* en 1964. Por primera vez en televisión casi todos los shows tenían por lo menos un comediante, un grupo de improvisación o un ventrílocuo que hacía una rutina de seis a siete minutos.

1958 · EL PRIMER ÁLBUM DE COMEDIA

En 1958, *Verve* (productora de *jazz*) grabó al comediante Mort Sahl en un club en San Francisco (*The Hungry I*). Sahl hacía *Stand Up* de forma revolucionaria. Fue el primero en abordar temas de actualidad y principalmente de política. También, fue el primero en dejar de actuar de traje; Sahl usaba pulóveres y camisas. El disco de Sahl (*The Future Lies Ahead*) no fue el primer disco de comedia pero sí un avance cultural importante. Se vendió extremadamente bien.

Pionero del *Stand Up*: Mort Sahl

Mort Sahl fue el primer comediante en abordar temas políticos en Estados Unidos, y lo hacía de tal forma que era accesible para todos. Analizaba los titulares de los diarios buscando exponer la hipocresía, basado en un buen trabajo periodístico. Mucho de lo que dijo estaba relacionado con temas de la época, pero algunos pensamientos siguen vigentes, obviamente muy ligados a la política estadounidense: "Los liberales sienten que no merecen sus posesiones. Los conservadores sienten que merecen todo lo que robaron".

Después de Sahl, siguieron dos comediantes con muy buenas ventas de sus discos de comedia: Shelley Berman y Bob Newhart. Newhart vendió más de un millón de ejemplares de *The Button-Down Mind* en 1960.

El primer auge de *Stand Up* comenzó a principios de 1960 con comediantes como Lenny Bruce, Dick Gregory, Woody Allen y Bill Dana. Lenny Bruce expandió las fronteras de lenguaje y de contenido usando palabras prohibidas y abriendo temas tabúes en esa época. Fue arrestado varias veces durante sus shows. Woody Allen fue el primer comediante que se burlaba de sí mismo en el escenario.

Pionero del *Stand Up*: Lenny Bruce

A Lenny Bruce se lo considera el abuelo del *Stand Up* moderno. No fue el primer comediante de *Stand Up* pero creó lo que hoy en día llamamos *Stand Up*: la idea de una persona en el escenario, muchas veces con problemas, en contra de la sociedad y el poder instalado, solo teniendo su ingenio para protestar.

Tenía un estilo muy relajado para actuar, muy conversacional. Eso era revolucionario para la época. Fue el primero que dejó atrás lo teatral, tanto en la forma como en el contenido (hablaba igual en el escenario como afuera de él). Luchó a través de sus monólogos contra la censura, el racismo, la guerra en Vietnam y los prejuicios en general.

Bruce terminó su vida con problemas de drogas y casi en bancarrota por todos los juicios que le hacían (principalmente por usar cierto vocabulario considerado incorrecto para la época). Por la misma razón, tenía prohibido actuar en la mayoría de los clubes de comedia.

De forma casual, Budd Friedman generó una revolución en el *Stand Up* en una salita en Brooklyn, Nueva York. Armó un pequeño escenario, micrófonos y un piano para que los artistas de Broadway pudieran relajarse después de sus shows y tal vez cantar entre ellos o para los turistas. Friedman no tenía pensado que participen comediantes.

Un año más tarde, el comediante Dave Astor pasó por el club y actuó para Budd y el público. Resultó tan bien que Astor volvió el día siguiente. Poco después, los comediantes comenzaron a ser más numerosos que los cantantes y cualquier otra persona que quería subirse al escenario. Fue el nacimiento del primer club de comedia, *The Improv*.

1975 · HBO

En 1975, NBC lanzó el programa *Saturday Night Live*. A pesar de que no había comediantes de *Stand Up* que formaran parte del equipo fijo, cuatro de los primeros presentadores sí lo fueron (George Carlin, Robert Klein, Richard Pryor y Lily Tomlin).

La influencia cultural del programa se hizo notar mucho cuando lanzó a Steve Martin a la fama. Martin presentó el programa cinco veces en dos temporadas y llenó estadios por todo el país. Fue el primer comediante que llegó a tener la fama de una estrella de rock. El mismo año, HBO emitió su primer especial de *Stand Up*: una hora de comedia sin censura por Robert Klein. Significó una liberación muy fuerte en el idioma, que culminó en el especial de Eddie Murphy, *Delirious*, en 1983.

George Carlin, muy trabajador y prolijo, tenía un material y lenguaje acordes a la libertad de expresión de HBO. Dedicó los últimos treinta años de su carrera a crear una hora nueva para HBO más o menos cada dos años. Al final, grabó catorce especiales.

Pionero del *Stand Up:* George Carlin

George Carlin es, junto con Richard Pryor y Lenny Bruce, uno de los pioneros que tiene su lugar en el panteón del *Stand Up*. Combina enojo, técnica e inteligencia... y obviamente humor. Es genial y furioso en igual medida. Fue uno de los pocos comediantes que siguió haciendo *Stand Up* hasta su muerte. Grabó su último show, *It's bad for ya*, pocos meses antes de morir.

Siempre fue un comediante que hablaba de la actualidad y protestaba contra el sistema. Muchas de sus batallas brillantes ya fueron ganadas a esta altura, pero Carlin se mantuvo vigente hasta el final. Sobre patriotismo decía: "¡Es un accidente genético! No dirías: 'estoy orgulloso de medir 1,80' o 'me orgullece mi predisposición al cáncer de colon". También, hizo rutinas excelentes sobre envejecer. Dice: "No tengan miedo de envejecer. Es una época fantástica. Podés tomar ventaja de la gente y no sos responsable de nada". Durante toda su vida artística siguió mejorando lo que hacía.

1979 - LA PRIMERA PELÍCULA DE *STAND UP*

Richard Pryor tenía una ventaja enorme sobre los demás comediantes de *Stand Up*: a finales de los años '70 también era una estrella de cine.

En 1978, filmaron su show dos noches seguidas en el teatro *Terrace*, en Long Beach, con capacidad para 3.100 personas. Fue una idea revolucionaria: hicieron la primera película sobre un show de *Stand Up*, *Live in Concert*. La película se filmó sin censura y llegó treinta y cinco días más tarde a las salas de cine. Fue una revelación.

El *Stand Up* de Richard Pryor era poderoso, auténtico y confesional (abordaba temas como violencia doméstica y su adicción a las drogas). Nació la forma moderna de hacer *Stand Up*.

Ícono del *Stand Up:* Richard Pryor

Richard Pryor es un comediante legendario que encaró los tabúes raciales de Estados Unidos. Siempre describía la sociedad dividida en blancos y negros. En general, se burlaba de los blancos, tímidos y neuróticos, que siempre fueron la mayoría de su público: el humor como catarsis.

Hubo mucho sufrimiento en la vida de Pryor pero logró sacar lo gracioso. Tuvo una infancia muy difícil. Creció en el burdel de su abuela y fue abusado sexualmente por primera vez a los siete años (por un vecino que, más tarde, le pediría un autógrafo después de un show). Y después muchas veces más. Estuvo en la cárcel, fue adicto al alcohol y las drogas, se prendió fuego, sobrevivió dos ataques de corazón, descubrió que su primer hijo no era de él y contrajo la enfermedad Esclerosis Múltiple (MS), que lo tuvo en una silla de ruedas por los últimos quince años de su vida. Él explicó que MS significaba *more shit* (más mierda).

Richard Pryor tiene un estilo confesional, observacional, contando historias. Fue muy admirado e influenció a muchísimos comediantes. Lo genial de Pryor es que fue capaz de hacer reír y hacer pensar a la gente al mismo tiempo.

Es un ícono en la imitación de voces, palabras y movimientos de todo tipo. Las imitaciones de Pryor de ciervos tomando agua en un lago, de John Wayne caminando o de su abuela dándole cachetadas, son de lo mejor que hay en *Stand Up*. Preguntaba: "¿Notaron lo agradables que se vuelven los blancos cuando hay un grupo de negros presente?". Nada estaba fuera de sus límites. En una rutina, habló de cómo su padre murió teniendo sexo con una chica de dieciocho años: "Llegó (acabó) y se fue al mismo tiempo".

También imitaba a los perros cuando atacan y hasta la voz de su primer ataque al corazón. Logró hacer material sobre la muerte de su hermano cuando él todavía era un niño. Para volver algo así gracioso, hay que ser bueno. Para hacerlo excelente, hay que ser un genio.

Pryor actuó por primera vez en una película en 1967 y logró desarrollar su carrera en cine al mismo tiempo que su carrera como comediante.

1991 - APARICIÓN DE COMEDIANTES ALTERNATIVOS

El público de los clubes de comedia esperaba lo que veía en la televisión: rutinas bien pulidas y con alto porcentaje de chistes. Janeane Garofalo sentía que no podía con esa estructura, comenzó a actuar con sus amigos, con bloc de notas en la mano, en lugares alternativos (como librerías) en Los Ángeles.

El movimiento llegó a HBO con el show *Mr. Show* y, más tarde, con el programa *Comedians of Comedy* de *Comedy Central*, una serie documental que tuvo mucha repercusión con los comediantes Patton Oswalt, Brian Posehn, Maria Bamford y Zach Galifianakis.

Zach Galifianakis es más que nada conocido por su papel de Alan en las películas *The Hangover* I, II y III (¿Qué pasó ayer?). Si bien en la película hace de un personaje raro, en sus shows es mucho más raro todavía.

Tiene un estilo muy particular. Llega al escenario, toma cerveza, hace *oneliners* con pausas muy largas entre ellas ("Hacerme más gordo es una mierda porque soy extremamente claustrofóbico") e improvisa muy bien. Sus shows tienen altibajos, dependiendo de cómo salen sus improvisaciones y su humor ese día. Puede ponerse algo agresivo con el público a veces.

Galifianakis experimenta todo el tiempo, toca el piano (parece que solo lo hace para divertirse a sí mismo) pero nunca canta. Tiene un apellido muy difícil. Suele presentarse con el chiste: "Hola, mi nombre es Zach Galifianakis. Espero haberlo pronunciado bien".

No parece gustarle mucho la industria de los espectáculos, esto se puede ver en *Between Two Ferns*, una serie de entrevistas muy incómodas con actores famosos.

2006 - LAS REDES SOCIALES

Bo Burnham tenía solo dieciséis años cuando subió su canción *My Whole Family* a YouTube. Dentro del primer mes, su video tenía millones de vistas y Burnham de repente era más famoso que muchos comediantes que hace años trabajaban en clubes de comedia, él solo había actuado en su habitación.

Casi al mismo tiempo, otro video en YouTube pero filmado por el público y protagonizado por Michael Richards (Kramer de *Seinfeld*) acababa con una carrera de *Stand Up*. Richards se había lanzado a un monólogo improvisado y racista durante un show en un club de comedia, alguien lo filmó con su celular y subió el video. A pesar de repetidas disculpas, Richards tuvo que dejar el *Stand Up*.

El fácil acceso y la enorme llegada de los videos de YouTube abrieron un mundo nuevo, lleno de comediantes y peligros, como pudo experimentar el comediante Dane Cook. Antes de que existiera YouTube, Cook había usado su sitio web y *MySpace* para lograr notoriedad y hacer avanzar su carrera de *Stand Up*. Llenó estadios y vendió millones de discos; hasta actuó en varias películas. Un día Cook fue acusado de plagio. Los hechos nunca fueron totalmente demostrados pero la conmoción en línea claramente frenó su ascenso.

2007 - PODCASTS

En 2007 el comediante Jimmy Pardo lanzó su *podcast Never Not Funny*. Fue uno de los primeros comediantes en usar esta nueva forma para generar contenido, promocionar sus shows en vivo, atraer *fans* y conectarse con ellos.

En los *podcasts* los comediantes hablan de películas, culturas nerd, deportes y ciencias; generan nuevos personajes, improvisan, contestan preguntas de la audiencia, se interrumpen y, lo más doloroso, revelan la realidad de sus propias vidas, a veces en los más íntimos detalles.

2011- LOS COMEDIANTES SE AUTOPRODUCEN

En 2011 Louis C.K. decidió hacer algo nuevo: dirigió y editó su propio show *Live at the Beacon Theater*, y lo puso a la venta en su propio sitio. Costaba cinco dólares y más de 200.000 *fans* lo descargaron. Louis C.K. demostró que comediantes pueden prever su propia distribución. Ahora todos los comediantes pueden crear su propio canal de televisión.

Ícono del *Stand Up:* Louis C.K.

El *Stand Up* parece el arte de los perezosos: un comediante no parece necesitar entrenamiento, atributos o preparación para subirse al escenario y hacer reír a la gente. Nadie encarna mejor ese estilo amable e informal que Louis C.K. (su verdadero nombre es Louis Székely): un hombre irritable, obeso, divorciado, de mediana edad, que parece no haber cambiado su remera negra desde los '90.

La realidad es todo lo contrario. Quince años de trabajo arduo crearon una honestidad sentida, que parece ligera y sin esfuerzo. Louis C.K. es un comediante excepcionalmente fluido que hasta cuando no es gracioso, es un placer verlo. Por momentos, se nota cuán terapéutico es esto para él y para el público, que su rabia compartida (mucha gente la siente) pero no dicha (nadie habla de ella) es liberada tan finamente.

Arrancó en los años '80 y rápidamente se acomodó en el mundo del *Stand Up* hasta que decidió seguir el consejo de George Carlin. Este le dijo que tomara más riesgos: por un lado, hacer un show nuevo por año y por el otro, profundizar su material, más que nada en lo personal. El resultado fue que una noche dijo al público: "Mi bebé es *a fucking asshole*". Eso cambió todo. Lo que encontró Louis C.K. cuando profundizó fue enojo y autorechazo. Es la risa amarga de la felicidad del primer mundo. Mientras que Carlin busca más causas nobles, Louis C.K. da su voz a algo con lo que muchos más de nosotros nos conectamos: la resignación. Habla bastante de su hábito de comer demasiado, pero nunca lo hace con la esperanza vulgar de redención: "Soy pelado, gordo y no me importa nada. Estoy casado (se divorció 1 año después) y tengo dos hijas. ¿Qué? ¿Voy a coger por bajar dos kilos?".

Louis C.K. no tiene miedo de mostrar los lados más oscuros de su personalidad, y logra hacerlo de tal forma que el público no se le pone en contra. Es la voz de la renuncia... a los sueños, la vida ideal, el amor. No es un transgresor. No tiene miedo de usar malas palabras o temas tabúes, pero es bastante tranquilo comparado con comediantes contemporáneos. Tampoco es el comediante inmaduro que busca la vida loca. Con él, se trata de honestidad sobre sí mismo, sus amigos, su familia, y de la forma más despiadada.

No se equivoquen: a Louis C.K. le llevó años pulir su *Stand Up*, pero al final lo que hizo la diferencia es esa honestidad. A veces, lo importante es animarse a decirlo: "Mi esposa me hizo una paja el otro día. Y tengo que decirlo, creo que fue el evento más triste que jamás ocurrió en los Estados Unidos".

---

4. 3. HISTORIA DEL *STAND UP* EN EL REINO UNIDO

1900 - *MUSIC HALL*

En Inglaterra el *Stand Up* emergió del *Music Hall* a principios de 1900. El estilo que conocemos hoy se fue formando entre monólogos, canciones graciosas y actos de *varieté*. El *Music Hall* evolucionó en el *varieté*, con la gran diferencia que en el primero varios artistas actuaban en diferentes oportunidades en un mismo show, mientras que el *varieté* se limitaba a una aparición por noche por artista.

1930 - *VARIETÉ*

En el año 1930, había tantos teatros en el Reino Unido que un artista o un grupo podía hacer el mismo show durante dos años sin repetir el mismo teatro ni una vez. *Morecambe & Wise*, un dúo famoso, usó los mismos trece minutos de material durante sus primeros diez años de carrera en el circuito de *varieté*.

SEGUNDA GUERRA MUNDIAL - EL EJÉRCITO Y LA TELEVISIÓN

Durante la Segunda Guerra Mundial, surgió otra forma para entrar en el mundo de la comedia: muchos miembros del ejército actuaban como servicio al Estado. Varios de ellos pudieron pasar al circuito profesional, como Eric Sykes, Peter Sellers y Tommy Cooper.

La aparición de la televisión hizo que los comediantes se hicieran más conocidos, pero también implicó una demanda constante de material nuevo y ellos ya no podían vivir por años de la misma rutina.

1947 - *THE FRINGE* EN EDIMBURGO

Cada mes de agosto se organiza el festival más grande de arte y cultura en el mundo, llamado *The Edinburgh Festival Fringe* en la ciudad de Edimburgo, Escocia.

Cada año miles de artistas ocupan los cientos de escenarios, repartidos por toda la ciudad, para presentar diferentes tipos de shows. Participan grandes nombres del mundo del entretenimiento y también muchos artistas desconocidos que buscan desarrollar sus carreras en teatro, comedia, baile, teatro físico, circo, cabaré, shows para chicos, musicales, ópera, música y poesía.

The Fringe surgió en el año 1947 al lado del *Edinburgh International Festival,* una iniciativa para crear y celebrar la vida cultural europea que se organiza desde 1940. Fue oficializado en 1958, creando un programa impreso y boletería propia. Muchos comediantes lanzaron su carrera después de una o varias participaciones exitosas en el festival.

1950 - APARECE EL *STAND UP* Y OTROS GÉNEROS

Hacia mediados de 1950 los británicos comenzaron a cansarse de la comedia clásica. Por un lado, en Estados Unidos apareció Mort Sahl con un estilo totalmente diferente: tenía una vista más contemporánea y realista de la vida. Por otro lado, muchas universidades británicas tenían sus clubes de drama, en los cuales comenzaron a probar con comedia de sketches e improvisación. Poco después, varias asociaciones de estudiantes comenzaron a participar en *The Fringe* con sus diferentes estilos de comedia.

1970 - *NEW WAVE COMEDY*

A fines de la década del '70, apareció la *New Wave Comedy.* Varios comediantes surgieron de los clubes de música *folk,* como por ejemplo Billy Connolly, Mike Harding y Jasper Carrott. Eran músicos que desarrollaron sus charlas entre canciones y monólogos enteros. Mike Harding fue el primero en tener dos series de *Stand Up* en BBC2 (1979-1982).

Billy Connolly es uno de los comediantes más populares en el Reino Unido. Arrancó como músico de *folk* y gradualmente sus charlas entre canciones se fueron expandiendo hasta llenar todo el show. En los '80, llegó a ser una de las personas más populares del país.

Sus shows no parecen tener estructura. Según él, el truco está en "Seguir hablando hasta que te puedas acordar de lo que querías hablar en primer lugar".

Le gusta hablar de actualidad y traer al show cualquier historia reciente que escuchó en las noticias. Sigue siendo un comediante de *folk*. Tiene la particularidad de mezclar historias con chistes viejos y observaciones raras. Y en general, se ríe tanto como el público. Parece que es uno más de ellos. Es su talento especial: le divierte tanto el mundo como él divierte al mundo. Es muy infantil. Parece un adolescente. Lleno de energía, viste como vaquero y juega con su pelo todo el tiempo. Es bastante escatológico, como por ejemplo su rutina sobre la masturbación. Explica: "Es excepcionalmente difícil encontrar una buena excusa por lo que estás haciendo cuando alguien te sorprende en el acto... la primera frase es fundamental". También ama los chistes de pedos. Hace todo un análisis de los diferentes tipos entre los que pueden ser tolerados en una cena formal y los que cambian la forma de caminar. Es difícil no quererlo. Otro chiste de él: "Los preservativos tienen el mismo efecto en un pene que las medias de nylon en la cara. Tu pene parece un ladrón".

1979 - EL PRIMER CLUB DE COMEDIA

The Comedy Store abrió en 1979. Fue el primer club de comedia de *Stand Up* en el Reino Unido. En los años '80 aparecieron varias cadenas de clubes de comedia, y una noche de *Stand*

Up se instaló al lado del cine y recitales como entretenimiento comercial.

The Comedy Store, *The Glee* y *The Stand* son algunos de los clubes de comedia más prestigiosos del Reino Unido. Pero fue *Jongleurs* el que realmente aprovechó el crecimiento del *Stand Up* y llegó a tener más de veinte locales en todo el país. Lamentablemente, quedó en bancarrota en 2017 consecuencia de una mala administración.

1993 - *STAND UP* EN EL ESTADIO *WEMBLEY*

Cada vez hubo más *Stand Up* en la televisión y los comediantes cada vez buscaron lugares más grandes para actuar. En 1993, Rob Newman y David Baddiel actuaron para 12.000 personas en el estadio *Wembley*.

4. 4. HISTORIA DEL *STAND UP* EN ARGENTINA

En la Argentina los cómicos más conocidos que precedieron a la ola del *Stand Up* son comediantes inolvidables como Enrique Pinti, Tato Bores, Antonio Gasalla y Jorge Guinzburg.

A partir del año 2001, surge el *Stand Up* en Argentina. Martín Rocco fue el primer profesor de *Stand Up* y entre sus primeros alumnos se encuentran Sebastián Wainraich, Pablo Fabregas, Fernando Sanjiao y Martín Pugliese.

El primer show de *Stand Up* en Argentina fue *Todos de Pie*, en *Liberarte*, que tuvo a Alejandro Angelini, Diego Wainstein y Sergio Lumbardini como elenco fijo, y a Hugo Fili y Martín Rocco como invitados rotativos. *Liberarte* y *El Bululú* se convirtieron en los sitios históricos. Después llegó al *Paseo la Plaza*, el conurbano y el resto del país. A los bares y salas teatrales, se sumaron restaurantes. También se expandió mucho en el área corporativa: hay muchos shows empresariales.

La primera propuesta en el circuito teatral comercial fue *Cómico Stand Up* a partir de 2004, protagonizada en sus diferentes ediciones por referentes del género a nivel local, como Sebastián Wainraich, Peto Menahem, Diego Reinhold, Martin Rocco y Dan Breitman.

A partir de 2012, comenzó a aparecer el *Stand Up* en *Bendita TV*, de Beto Casella en Canal 9, lo que generó un fuerte empuje para la popularidad del género.

En 2016, se logró un hito histórico. Lucas Lauriente y Luciano Mellera llenaron el *Luna Park*. Fue la primera vez que un show de *Stand Up* se presentó en un estadio en Argentina.

PARTE II

¿Cómo hacer Stand Up?

CAPÍTULO 5

Pilares del Stand Up

5. 1. INTRODUCCIÓN

Hay muchas facetas que hacen que un comediante sea gracioso o no. Tal vez las más obvias son el texto (la escritura) y la actuación. Gran parte de este libro se enfoca en ellas. Pero también es muy importante la imagen del comediante: que sea coherente con lo que dice y transmite. Y es fundamental ganarse al público. Veremos las diferentes formas para hacerlo.

5. 2. LA IMAGEN

Para el comediante, es importante saber cómo lo percibe la gente, porque lo que dice tiene que ser coherente con la imagen que transmite. De lo contrario, el público se queda pensando en la incoherencia y deja de escuchar, y hasta puede desconectarse. La imagen tiene que ver con la apariencia física, tono de voz, forma de hablar, vestimenta, energía.

Por ejemplo, un comediante no puede hacer chistes sobre ser pobre si no transmite esa imagen. Vamos a ver más sobre este tema en el CAPÍTULO 7: MÁS SOBRE LA PREMISA (TEMA Y SENTIMIENTO).

La imagen que tenemos de nosotros mismos muchas veces no corresponde con lo que piensan los demás. Así, por ejemplo, hay muchas personas que se sienten "gordos", pero para la mayoría de la gente solo tienen unos kilos de más. Esta persona no puede hacer chistes de gordos porque el público se desconecta. No le cree, no es real. A una persona del público que realmente tenga un problema alimenticio, podría generarle muchísima antipatía ese chiste. Es decir, hay que tener el derecho de quejarse de ciertas cosas.

¿CÓMO ENCONTRAR LA IMAGEN?

Tenemos que investigar cómo nos ven los demás. Podemos tener una idea acertada o totalmente equivocada. No es recomendable fiarse. Tampoco hay que creer ciegamente en los amigos y familiares. Ellos te ven de otra manera. Lo importante es la opinión de gente extraña, porque, hasta ser famoso, actuarás para gente que no te conoce (menos tal vez en las primeras funciones donde te van a ver los amigos y familiares).

Hay que entrevistar a extraños. Conviene preparar una lista de preguntas para obtener información concreta. Por ejemplo:

~ ¿Qué impresión te doy? ¿Qué profesión tengo?

~ ¿Cuántos años parezco tener?

~ ¿Pensás que estoy casado/a o que tengo hijos?

~ ¿Soy rico? ¿Pobre? ¿Parezco de clase alta, media o baja?

~ ¿Ordenado o desordenado?

~ ¿Soy parecido a alguien?

~ ¿Hay algo de mí que te llama la atención a primera vista?

~ ¿Te parezco una persona amable o más bien distante?

Hay que hacer el cuestionario a varias personas y ver las respuestas que más se repiten.

USAR Y TRANSFORMAR LA IMAGEN

En general, la primera impresión que tiene el público de un comediante se va transformando a lo largo de su actuación (igual que como pasa en la vida real). Pero cuando sabemos qué impresión causamos en el público al principio, lo podemos usar para hacer reír fuerte desde el comienzo. Lo más eficaz es aceptarla y agrandarla. Por ejemplo, yo muchas veces arranco mi monólogo diciendo que soy el típico europeo organizado y estructurado, pero al final del show ya nadie se queda con esa imagen. Esto lo vamos a ver más en detalle en el CAPÍTULO 9: ¿SOBRE QUÉ HABLAR EN STAND UP?

5. 3. GANARSE AL PÚBLICO

Hay varias formas de ganarse al público. Se puede hacer, por ejemplo, a través de la simpatía, el carisma, la vulnerabilidad, la autenticidad (ser sincero con tus sentimientos y opiniones), el coraje (animarse a decir lo que muchos solo se animan a pensar), la inteligencia. En la mayoría de los casos, será una mezcla de todas estas cosas.

Para ser simpático no hace falta necesariamente decir cosas simpáticas, la forma es más importante. Con una sonrisa, se pueden decir muchas cosas. Lo importante es no generar adversidad en el público.

BURLARSE DE UNO MISMO

La forma más segura para ganarse al público de entrada es la burla a uno mismo. Al comediante le funciona mejor hablar en primera persona, siempre sobre experiencias propias. Cuando el comediante muestra humildad y autocrítica, genera mucha simpatía y conexión. Se puede lograr apropiándose de la parte ridícula de los chistes. Por ejemplo, para hablar sobre la reacción de la gente que se cae en la calle, conviene que el comediante cuente más sus reacciones raras y tontas, y no tanto las de los demás. Cuando un comediante sí se burla de otros, es importante que el chiste final siempre caiga en él.

Ícono del *Stand Up:* Joan Rivers

Joan Rivers no se podía callar. Durante medio siglo, se burló de todas las estrellas de Hollywood, entre las cuales se movía, con tal fuerza que no se lo hubieran permitido a ningún otro.

Muchas veces había famosos en sus shows y los saludaba diciendo: "You sons of bitches, hello". Atacaba a su público, no lo podía evitar. Y se notaba. Parece que esa necesidad obvia la salvaba de que su público huyera.

Rivers se burlaba de todo el mundo, pero el chiste final siempre caía en ella misma. No tuvo problemas en hacer chistes sobre tener hemorroides, prolapso vaginal, ganar dinero con comerciales y odiar que su cuerpo estuviera envejeciendo, "¿Cómo vas a decir algo así en mi cara actual?", era su respuesta a la gente que la criticaba por sus cirugías. Nunca se escondió detrás de la excusa de la dignidad y menos con los años. Admitía su desesperación por dinero, fama, gloria, risas, y criticaba a los que sí fallaban en admitir el mismo afán.

Tampoco tenía límites. Hasta hizo chistes sobre el suicidio de su segundo marido. Ella contó que su hija se deprimía mucho: "Una semana después de su muerte, llevé a Melissa a un restaurante caro y mirando los precios, le dije: 'Si papá estuviera vivo y viera esos precios, se mataría de vuelta". Por primera vez en una semana, su hija sonrió.

SER AUTÉNTICO Y MOSTRAR VULNERABILIDAD

El público aprecia mucho la honestidad y la vulnerabilidad. Cuando un comediante se anima a hablar sobre temas que le dan vergüenza, tiene al público de su lado. Así, además, el *Stand Up* se vuelve terapéutico, tanto para el comediante como para el público.

Ícono del *Stand Up:* Amy Schumer

Amy Schumer es una mujer real y luchadora que hace humor expresando siempre su derecho de comportarse igual que los hombres: "Sé que puede sonar que soy un poco puta, pero solo estuve con cuatro personas. Fue una noche rara". Parece que hay pocas cosas que ella no haría, y ninguna por la cual siente vergüenza. Cuenta todas sus experiencias y chistes con detalles que otras personas no se animarían a dar. El siguiente chiste es típico de ella: "Finalmente dormí con mi amor de la secundaria. Pero ahora él espera que lo acompañe a su fiesta de graduación. ¿Cómo puedo saber a dónde voy a estar en tres años, no?". Su persona escénica es fuerte y simpática.

EL *STAND UP* PUEDE SER TERAPÉUTICO, PERO NO ES TERAPIA

No hay que confundirse, hacer *Stand Up* y hacer terapia no es lo mismo. Para hacer *Stand Up*, no alcanza con revelar las intimidades más vergonzosas. Siempre tiene que haber un chiste. El público aprecia mucho cuando un comediante se muestra vulnerable, pero si es solo eso, termina siendo patético y aburrido.

CAPÍTULO 6

¿Cómo se escribe un chiste?

6. 1. LA IMPORTANCIA DE LA ESCRITURA

Muchos opinan que lo importante en el *Stand Up* no es lo que se dice sino cómo se lo dice. Estoy de acuerdo, pero solo en parte. No hay que subestimar la importancia de la escritura. Para mí es el cincuenta por ciento del éxito de un comediante.

Muchas veces me dicen, "Vos, con tu acento, podés decir cualquier cosa y la gente se ríe", y la verdad es que no. Te puedo asegurar que lo intenté. Cuando digo algo que no sorprende, la gente no se ríe. Por ejemplo, no alcanza con decir que los argentinos se vuelven locos por el asado y no paran de tomar mate. Si después no viene un remate que sorprende, solo es una observación. Y las observaciones pueden generar simpatía y sonrisas, pero no risas explosivas.

Creo que, con un buen texto, cualquiera puede hacer reír. Jorge Maronna y Carlos López Puccio, dos miembros de *Les Luthiers*, no tienen personalidades muy graciosas pero igual logran hacer reír, gracias a un buen guion. No alcanzarán el nivel de Daniel Rabinovich, pero hacen reír y eso es un montón.

Es verdad que hay comediantes que gracias a su forma de decir las cosas pueden convertir algo que no parece gracioso en papel en algo muy humorístico. Ahora, imagínense que encima de saber hacer eso, tienen un buen texto… se convierten en las estrellas de la comedia.

6. 2. LA ESTRUCTURA DE UN CHISTE

Todos los chistes tienen cuatro elementos:

1. tema

2. sentimiento

3. argumento

4. remate (un ejemplo gracioso)

Cuando escribimos, tomamos nuestras ideas, ocurrencias, anécdotas, y les damos forma de *Stand Up*, preguntándonos cuál es el tema, el sentimiento, el argumento y el remate. El objetivo de los primeros tres elementos es instalar el chiste pero no ser gracioso. En realidad, todo lo contrario. Se anuncia un tema que nos importa (tema) y damos un sentimiento sincero con respecto a ello (sentimiento). Después decimos por qué nos hace sentir así (argumento). Recién el cuarto elemento, el remate, ilustra todo lo dicho anteriormente con un ejemplo gracioso.

Los cuatro elementos no siempre se dicen de forma explícita, pero siempre están y el comediante tiene que saber cuáles son. Cuando no lo sabe, el chiste resulta confuso. Implementar esta estructura hace comprender dónde está realmente lo gracioso del chiste: cuáles son las opiniones (inconscientes) y experiencias detrás de la idea y cuál es la mejor forma para decirlo a gente totalmente desconocida. Por eso te recomiendo que escribas tus chistes con los cuatro elementos. De lo contrario, muchas veces te quedarás a mitad de camino.

PREMISA-PIE-REMATE

En muchos libros y cursos usan la fórmula *Premisa-Pie-Remate*. La premisa son las primeras dos partes (tema y sentimiento), y el pie la segunda parte (argumento). Enseñando me di cuenta que es más claro separar los cuatro elementos de un chiste.

6. 3. LOS ELEMENTOS DE UN CHISTE

Ahora veamos los cuatro elementos uno por uno.

6. 3. 1. ELEGIR UN TEMA

Para escribir un chiste, primero hay que elegir un tema: ¿de qué se trata tu chiste? Se puede escribir sobre (casi) cualquier cosa. Más adelante vamos a ver con más detalles cómo elegir y buscar temas, y cuáles convienen ser evitados y en qué momento.

Por ahora lo importante es que el tema te interese: que tengas una opinión o un sentimiento fuerte sobre él. Si a vos no te importa lo que estás diciendo, ¿por qué le tendría que importar al público?

6. 3. 2. TU SENTIMIENTO SOBRE EL TEMA

Ya elegiste un tema que te importa, ahora hay que formular una opinión sobre él: preguntarte qué te pasa con ese tema y cómo te hace sentir. Este sentimiento también es llamado *actitud*.

Formular nuestras opiniones es un proceso importante en la exploración de una rutina humorística. Para que se enganche el público, para que se identifique y para generar un vínculo, hay que tener una opinión y defenderla. Acá no vale jugar a lo seguro. Los comediantes que no tienen un punto de vista definido no son interesantes para el público. Solo están hablando de cosas y más cosas: "Sabés que Freud dice que un artista tiene que expresar lo que está en la mente inconsciente del público. La razón por la que muchos comediantes no convencen, es porque no lo creen. No hay punto de vista. Comedia no es escaparse, es afrontar los hechos", decía Mort Sahl. Con esto, hago referencia a la intensidad y no necesariamente al contenido. Una opinión fuerte puede ser sobre cualquier cosa, desde la guerra en Afganistán hasta la forma de un jabón.

Hay que ser lo más preciso posible con el sentimiento. No es lo mismo decir "odio" que "me da vergüenza". Muchas veces tenemos una sensación negativa con respecto a un tema, pero no siempre sabemos bien cuál es y menos todavía por qué. En mis clases, no paro de preguntar a los alumnos: "¿Qué te pasa con eso? ¿Cómo te hace sentir? y ¿Por qué?". El *Stand Up* requiere la capacidad de cuestionarse e implica una búsqueda de autoconocimiento para encontrar la propia voz.

~ "Las bolsas de plástico no sirven": entendemos que no te gustan las bolsas de plástico, pero no nos alcanza para saber cómo te sentís realmente con respecto a esas bolsas. ¿Las odiás? ¿Te molestan? ¿Te ponen nervioso?

~ "Todos los políticos son corruptos": esta frase en sí no nos aclara sobre lo que te pasa con los políticos. Probablemente será algo negativo, pero también puede implicar indiferencia (como son todos corruptos, preferís ni gastar energía en pensar en ellos). La pregunta es: ¿cómo te hacen sentir los políticos corruptos? ¿Los odias? ¿Te dan asco o vergüenza ajena? ¿Te ponen tristes? Cada sensación es diferente y llevará a otro tipo de remate.

ACTITUDES BÁSICAS

Siempre vuelven los mismos sentimientos, también llamados actitudes básicas:

~ Odio.

~ Me parece raro.

~ Me molesta.

~ Me da miedo.

~ Es difícil.

~ Es estúpido.

~ Me da vergüenza.

~ Es incómodo.

Tomemos el ejemplo del supermercado y formulemos varios sentimientos con respecto a él:

~ Odio ir al supermercado.

~ Hay cosas que me molestan de los supermercados.

~ Ir al supermercado puede ser frustrante.

~ Hay cosas en el supermercado que son raras.

~ Me da vergüenza ir al supermercado.

~ Me siento perdido en el supermercado.

~ Es estúpido ir al supermercado.

~ Ir al supermercado es difícil.

EL HUMOR SURGE DE LO NEGATIVO

El humor siempre surge de la frustración, el enojo, el odio, la molestia, la vergüenza, la incomodidad. No se puede hacer humor sobre algo que nos pone feliz. Lo vamos a ver más en detalle, pero es importante tenerlo en cuenta.

Ícono del *Stand Up:* Kevin Hart

Kevin Hart es uno de los comediantes más populares del momento. Construye sus monólogos sobre temas íntimos, como su miedo a la oscuridad, y situaciones embarazosas que involucran a su familia. Como por ejemplo, cuando su padre, adicto a las drogas, apareció en una competencia de ortografía en la cual él participaba y alentaba como si fuera un partido de fútbol. Hart confirma: "La comedia surge del dolor. Te puedo contar varias cosas con las cuales en un primer momento dirías ¡por Dios!, pero después te reirías".

6. 3. 3. EL ARGUMENTO

El siguiente paso es explicar el <u>por qué</u> de lo dicho anteriormente: formular un argumento que explique por qué nos sentimos de cierta forma con respecto al tema. Muchas veces sabemos que algo nos molesta, pero no siempre tenemos muy clara la razón. Acá de nuevo, puede que haga falta una búsqueda para tratar de entender nuestras ideas y pensamientos antes de poder presentarlos a un público. Contestamos el por qué de nuestra opinión: ¿Por qué odio algo? ¿Por qué me molesta? ¿Por qué algo me parece difícil?

Ejemplos de opiniones con el argumento "Las bolsas de plástico me ponen muy nervioso <u>porque nunca logro abrirlas</u>" y "Odio a los políticos <u>porque son todos corruptos</u>".

Insisto en que muchas veces no sabemos las razones de nuestras opiniones y sentimientos. En general, no tomamos conciencia de lo que pensamos. Si preguntás a alguien si le gusta que lo deje su pareja, te va a decir que no. Y si le preguntás por qué, te va decir: "Es obvio…". Y después se quedará en silencio. Puede haber varias razones por las que nos moleste que nos dejen y puede ser diferente según cada caso. Por ejemplo, te puede doler que te dejen porque querés estar con la otra persona, porque no querés estar solo, porque lastima tu ego o por miedo financiero… hay miles de razones posibles. ¡Lo que menos funciona en el argumento es generalizar! Hay que ir a lo concreto. Tomemos otro ejemplo: la convivencia es difícil. Probablemente todos pensamos lo mismo, pero la pregunta es "¿por qué la convivencia es difícil para vos?". Hay que buscar razones concretas. Decir "la convivencia es difícil porque mi pareja es complicada" no es concreto. Algo concreto sería dar un ejemplo de lo complicada que es. Puede ser porque ronca, habla mucho, siempre pelea, tiene una madre difícil.

A través de ese proceso, puede pasar que cambies tu opinión sobre ciertos temas. ¡Perfecto! Estás abriendo tu mente. Con un argumento concreto, el remate aparece casi solo. Porque te lleva a un momento real de tu vida, una experiencia que te hizo llegar a formar esa opinión. De esta situación concreta va a salir lo gracioso.

<u>Ejemplos:</u>

1. Premisa (tema y sentimiento): "Odio ir al supermercado".

   En el argumento (pie), damos un ejemplo concreto de por qué odiamos ir al supermercado:

   - porque siempre me pierdo.

   - porque nunca encuentro nada.

   - porque siempre me encuentro con mi vecina.

2. Premisa: "Me da vergüenza llegar a la caja y darme cuenta de que no traje dinero".

   En el argumento (pie) explicamos por qué nos da vergüenza olvidarnos de llevar plata al supermercado.

   Argumento:

   - porque la gente me mira.

   - porque me hace sentir que soy pobre.

   - porque no sé qué decirle a la cajera.

   - porque tengo mi carrito lleno de cosas y lo tengo que dejar ahí.

Lo mejor es siempre mantenerte cerca de la verdad, contar algo que te pasa o te pasó realmente. Desde ahí, es mucho más fácil hacer reír.

6. 3. 4. EL REMATE

El remate es la parte graciosa del chiste y su elemento más importante es la sorpresa. Para hacer reír, el remate debe ser algo que la gente no ve venir. Debe llevarlos a un lugar que no esperaban.

En el remate, damos un ejemplo concreto de lo que venimos diciendo (puede ser de nuestra vida o de otra, a la que hacemos propia). Ilustramos nuestra opinión y el argumento con una situación de la vida real.

Ejemplos (el remate está subrayado):

1. "Las bolsas de plástico me ponen muy nervioso porque nunca logro abrirlas. La última vez que fui al supermercado agarré una y la tuve que dar vuelta treinta veces".

2. "Odio a los políticos porque son todos corruptos. El otro día hice un taller de confianza, nos teníamos que dejar caer entre compañeros. Como el mío era político, le tuve que pagar cien dólares para que me atrape".

3. "En el supermercado, me da vergüenza llevar el carrito de otra persona porque quedo como un despistado. Viene una señora y me dice: "¡Es mi carrito!". A lo que respondo: "¡No! Es el mío!". Ella me dice: "¿Y esas toallitas?". Finalmente le digo: "Me vino".

Hay diferentes tipos y estructuras de remates. Los veremos en el CAPÍTULO 8: TIPOS DE REMATES, ilustrados con ejemplos.

La palabra que genera la risa siempre tiene que ir al final del remate, o entre las últimas tres o cuatro palabras. Así generamos más sorpresa y risas más explosivas. En el siguiente chiste, vemos un esquema que no es correcto: "Soy tan pollerudo que yo ya pido perdón cuando mi mujer llega a casa de mal humor". Lo que genera la risa es: "yo ya pido perdón", entonces hay que ponerlo al final: "Soy tan pollerudo que cuando mi mujer llega a casa de mal humor, yo ya pido perdón".

Hay chistes que funcionan igual, aunque no pongas la parte más graciosa al final, pero existe el riesgo que la gente no escuche lo que sigue después (porque se están riendo) o que dejen de reírse para poder escuchar lo que sigue.

6. 4. LA FORMA DE ESCRIBIR *STAND UP*

6. 4. 1. NO SE CUENTAN HISTORIAS NI ANÉCDOTAS

Un chiste tiene la forma de una opinión y no de una historia o una anécdota. No funciona en el *Stand Up*, por lo menos no al principio. La razón principal es porque en una anécdota tendemos a contar muchos detalles que no sirven para el chiste, confunden y cansan al público. También pasa que, para que una anécdota funcione en un show de *Stand Up*, la gente tiene que creer que pasó de verdad. De lo contrario, la gente cree que el comediante inventó una historia para ser gracioso y este se queda con ganas de decir: "Tendrían que haber estado".

Por la misma razón, existe la trampa de decir: "Lo que voy a contar ahora, pasó de verdad". Sentir la necesidad de hacer esta aclaración es un indicio de que lo que estás contando es anecdótico. Además, instala una duda en la mente del público: "¿Será que todo lo que dijo hasta ahora fue inventado? ¿Por qué lo aclara ahora?". No conocen al comediante y entonces ya no saben cómo tomar todo lo que cuenta. Se pueden sentir engañados y se desconectan.

Las historias y las anécdotas solo funcionan cuando el público ya conoce al comediante. Eso pasa cuando:

~ el público está integrado por amigos, familiares y/o conocidos del comediante;

~ el comediante es famoso (porque los *fans* y seguidores de un artista tienen esa sensación de conocer al comediante, de ser su amigo);

~ todos los miembros del público comparten un interés (como un *hobby* o un trabajo) y la anécdota tiene que ver con eso;

~ el público llega a un punto en el que siente que conoce al comediante, y este puede contar una anécdota. En general, va a pasar más bien hacia el final, cuando el show está saliendo muy bien.

¿CÓMO DARSE CUENTA DE QUE ESTÁS ESCRIBIENDO UNA ANÉCDOTA O UNA HISTORIA?

Cuando nos ponemos a contar una historia o anécdota, en general comienza con algo así: "El otro día... y me pasó lo siguiente...", "Hubo una vez...", "Cuando tenía seis años, algo muy raro me pasó…", y usamos mucho las palabras "y después... y después".

¿CÓMO TRANSFORMAR UNA ANÉCDOTA EN UN CHISTE?

Las anécdotas se pueden transformar en un chiste, o varios, dividiéndolas en diferentes partes (según el tema) y aplicando a cada una la estructura de un chiste: tema, sentimiento, argumento y remate.

6. 4. 2. EL TIEMPO ES AQUÍ Y AHORA

En el *Stand Up* el tiempo es aquí y ahora. No hablamos en términos de anécdotas, sino que contamos lo que nos está ocurriendo en este momento. Obviamente que se puede hacer referencia a situaciones que pasaron antes, pero contamos cómo nos sentimos en el presente con respecto a estos acontecimientos.

6. 4. 3. ESCRIBIR COMO HABLAMOS

El *Stand Up* tiene la forma de una charla entre el comediante y el público (no de un discurso serio y formal). Entonces, para que parezca natural, tenemos que aprender a escribir como hablamos. A veces no es fácil porque en la escuela aprendimos a escribir en prosa (con frases muy largas), para que sea leído y no dicho. Por eso es importante, cuando escribimos, ir diciendo el chiste en voz alta para saber si suena natural.

Cuando hablamos, muchas veces decimos frases incompletas, tiramos palabras sueltas, cortas, y usamos los verbos más simples como: ser, estar, hacer, tener. Cuando escribimos, en general buscamos verbos más complicados como: permanecer, realizar, concretar.

En los chistes, también es mejor evitar palabras largas. No es importante hablar correctamente, más bien buscamos usar un lenguaje común y accesible a todos. Así que no hay que preocuparse por la ortografía. Al público no le importa si sabés escribir bien una palabra: nunca se enterarán. Hay comediantes que pierden mucho tiempo y energía pensando en la ortografía. Y se pierden en ese camino. Lo importante es llegar a algo gracioso. Cuando surge una idea graciosa, te conviene anotarla tal cual te sale. No estamos en la escuela. Y como el *Stand Up* es parecido a una charla entre amigos, hay que pensar en el público como tal: los tuteamos, usamos palabras informales y gesticulamos. De lo contrario, va a parecer raro, distante y poco auténtico.

6. 4. 4. SER EXACTO, DETALLADO Y CONCRETO

Cuando describimos algo, es importante ser exacto con las palabras que utilizamos. De lo contrario, generamos imágenes erróneas en las mentes del público. No hay sinónimos en el *Stand Up*: cada palabra tiene un significado diferente. El sentido del chiste puede cambiar según la elección de la palabra. Por ejemplo, hay mucha diferencia entre bote, velero y barco (mientras que el diccionario dice que son sinónimos). Un bote evoca algo básico y un velero algo exclusivo. Un chiste puede funcionar o no según la palabra elegida. Cuanto más potente es la imagen, más efectivo será el chiste. Hay que ser concreto para generar la imagen correcta en las mentes de la gente. Decir "gaseosa" es mucho más concreto que decir "bebida". Porque bebida puede ser agua, cerveza, vino, whisky, *Coca-Cola*. También es más concreto decir "*Coca-Cola*" que "gaseosa".

6. 4. 5. SER SIMPLE, BREVE Y EFICAZ

En un chiste, cada palabra, cada frase, tiene que tener una razón de estar. Si agregamos cosas, la gente se pierde y se confunde, y si pasa varias veces en un monólogo, la gente se cansa porque tiene que hacer demasiado esfuerzo para seguir. El público vino a ver un show de *Stand Up*, quiere relajarse y no tener que esforzarse. Hay que ir al grano y ser preciso.

El humor no es prosa ni literatura. No hay que describir ni explicar cosas, hay que decirlas. Si se puede decir algo con dos palabras en lugar de tres, ¡hacelo! No tiene que ser poético ni elocuente, tiene que ser eficaz. No hay introducciones ni explicaciones.

¿CÓMO SACAR LAS PALABRAS QUE SOBRAN DE UN CHISTE?

Para hacer un chiste lo más corto posible, hay que sacar todas las palabras que sobran. ¿Cómo se hace?

1. Escribir todo el chiste.
2. Subrayar el remate.
3. Subrayar en la premisa y el pie todo lo que es necesario para entender el remate.
4. Reescribir todo el chiste con la información que es absolutamente necesaria.

Después de escribir el chiste de la forma más corta posible, hay que ensayarlo varias veces en voz alta y probarlo en el escenario con público. Así, se descubre cuál es la forma más natural, corta y eficaz para decirlo. Con el tiempo, se puede dejar de decir la actitud ("odio", "me molesta", "me parece raro") porque se podrá entender simplemente con el tono y el lenguaje corporal. También puede pasar lo opuesto: que a tu chiste le falten palabras y el público no lo entienda.

Saber hacer humor absurdo es un arte en sí. Hay que saber llevar al público. Como regla general, es importante ir llevándolo de a poco, casi sin que se dé cuenta.

Un muy buen ejemplo de esto es la famosa rutina de Woody Allen: *El alce* (*The Moose*). Arranca todo dentro de los límites de lo posible con Woody Allen cazando y atando el cuerpo de un alce sobre su auto. Se traslada a lo imaginario cuando Woody Allen presenta el alce a unos amigos en una fiesta de disfraces, y termina en una fantasía desenfrenada cuando el alce comienza a mezclarse con la gente. Es más una historia que un chiste de *Stand Up*, pero es un ejemplo excelente del proceso del humor absurdo: "Una vez le disparé a un alce. Estaba cazando en el estado de Nueva York y le disparé a un alce. Lo até arriba del auto y manejé hacia mi casa por la autopista *West Side Highway*. De lo que no me di cuenta, es que la bala no había penetrado al alce. Solo le rozó la cabeza y lo dejó inconsciente. Mientras manejaba a través del túnel *Holland*, el alce se despertó. Así que estoy manejando con un alce vivo arriba de mi auto. El alce está señalando un giro, ¿te imaginás? Hay una ley en el estado de Nueva York que prohíbe manejar con un alce arriba del auto los martes, jueves y sábados. Entro en pánico y ahí se me ocurre una idea: algunos amigos míos están en una fiesta de disfraces. Voy a ir a esa fiesta, voy a llevar al alce y lo voy a dejar ahí. Ya no será mi responsabilidad. Así que conduzco hasta la fiesta y toco la puerta. El anfitrión nos abre. Digo: 'Hola, ¿conoces a los Solomon?' Entramos. El alce se mezcla entre la gente. Le fue muy bien. Conquistó. Dos tipos estuvieron tratando de venderle un seguro por una hora y media. Se hacen las doce de la noche. Anuncian los premios para los mejores disfraces de la noche. El primer premio va para los Burkowitz, un matrimonio disfrazado de alces. El alce termina segundo. Se pone furioso. Él y los Burkowitz comienzan a pelear y se dejan inconscientes mutuamente. Ahí pensé: «*Es mi oportunidad*». Agarro al alce, lo pongo arriba del auto y vuelvo rápido a la autopista. Pero me llevé a los Burkowitz. Así que estoy manejando con dos judíos arriba de mi auto, y hay una ley en el estado de Nueva York… los martes, jueves y especialmente los sábados. A la mañana siguiente, los Burkowitz se despiertan en el bosque en un traje de alce. Matan al señor Burkowitz, lo rellenan y lo montan en la pared del *Club Athletic* de Nueva York. A los miembros de este club les salió el tiro por la culata, porque ahí no se permiten judíos".

6. 5. REGLAS GENERALES SOBRE CÓMO ESCRIBIR UN CHISTE

6. 5. 1. HAY QUE ESCRIBIR MUCHO Y TACHAR MÁS

Para terminar con algunos buenos chistes en mano, hay que escribir un montón. Y también hay que tachar, y mucho. Solo el diez por ciento de todas tus ideas van a quedar finalmente en tu monólogo. Es así. Hay que atravesarlo. Lo más difícil es sacar lo que está de más porque tendemos a enamorarnos de nuestras propias ideas. Surgieron de tu mente, les diste vida, las nutriste y a veces el resultado es genial. Pero la mayoría de las veces no lo es. También te puede servir saber que cuando llegás a escribir veinte páginas, solo dos te van a servir. Puede ser muy frustrante, pero del otro lado muy gratificante al final, cuando obtenés risas fuertes.

6. 5. 2. NO BUSQUÉS LA PERFECCIÓN EN LA ESCRITURA

Si buscás la perfección en la escritura de chistes, terminarás cansándote rápido. No existe el momento en el que se vea un chiste en papel y se pueda decir: "Ahora sí, esto es gracioso". Hasta que no se prueba un chiste en el escenario, no se puede saber si funciona. Hasta los comediantes más exitosos tienen que probar su material con un público en vivo. Es importante tomarse el tiempo para armar bien un chiste, pero tampoco exageres porque se puede volver contraproducente.

EQUILIBRO ENTRE ESCRIBIR Y ACTUAR

Hacer *Stand Up* implica buscar constantemente el equilibrio entre escribir y actuar. Escribir veinte horas antes de cada show hará que pierdas mucho tiempo y motivación. Encima puede pasar que al público no le interesen para nada las ideas o los temas sobre los que trabajaste tantas horas. Es mejor escribir algo, revisarlo dos, tres veces y probarlo en el escenario lo antes posible. Así, tu próxima sesión de escritura será mucho más fructífera. Un buen equilibrio entre escribir y actuar hará que crezcas más rápido. Escribí. Escribí. Actuá. Actuá.

Cuando las cosas no salen tan rápido como queremos, podemos caer en la tentación de enfocarnos demasiado en uno de los dos: la actuación o la escritura. En el primer caso, pensamos: *«En realidad lo importante no es lo que decís sino cómo lo decís»*. Aunque ese pensamiento tenga algo de verdad, es una pobre excusa para dejar de mejorar tu monólogo desde el texto. No dejes de escribir para mejorar tu material y tener cosas nuevas. La otra es pensar: «*Primero tengo que escribir un monólogo genial y después voy a volver a actuar (y a romperla)*». La escritura se tiene que ir probando con el público. Si no, queda todo en suposiciones de lo que podría funcionar.

6. 5. 3. BURLARSE DE UNO MISMO

Conviene que el/la comediante se apropie de la parte ridícula en varios momentos.

Cuando se burla demasiado de otros, queda como agrandado/a (especialmente, al principio de un monólogo cuando no ganó la simpatía del público todavía). La gente prefiere la humildad del comediante que se ríe de sí mismo. A veces, ponerse en ese lugar como comediante puede hacer que un chiste funcione.

Por mucho tiempo (casi dos años), intenté hacer chistes sobre la gente que se queja mucho. Decía que lo odiaba y daba mis razones. Nunca funcionó. El público me miraba con cara de «*Ah bueno, ¿al señor no le gusta que nos quejemos? ¿El señor no se queja nunca?*». Solo me di cuenta con el tiempo. Cuando lo probaba en el escenario, veía que no se reían. Al final, pude hacer funcionar ese material diciendo que yo me quejo mucho y que encima me gusta. El remate es el mismo, pero a partir de ese momento el público se puso de mi lado y comenzaron a reírse. Me pasó lo mismo con un chiste sobre la gente que se cae en la calle. Solo comenzó a hacer reír cuando contaba lo que yo hago cuando me caigo en la calle y no describiendo la reacción ridícula de otra gente.

A algunos comediantes, les cuesta ponerse en el lugar del ridículo. Es un tema de ego. Para ser comediante, hay que poder mostrarse vulnerable y torpe, como un payaso. Eso es lo importante, y no si algo te pasó de verdad o no. En el escenario, mostramos una versión exagerada de nosotros mismos. Claramente eso no quiere decir que no se pueda reír de otra gente, especialmente cuando el público ya está de tu lado. Lo ideal es encontrar un equilibrio entre los dos tipos de material.

Igual, recomiendo que, cuando te rías mucho de otra gente, al final cierres ese material con un chiste que sea sobre vos. Esto mantiene al público de tu lado.

6. 5. 4. SER ORIGINAL

Hay que ser original, no tanto en los temas pero sí en la mirada, la opinión sobre algo o la manera de abordarla.

Es muy difícil encontrar un tema original. Primero, porque no hay tantos que permiten la identificación con la mayoría del público, y segundo, porque ya está todo hecho. De todos modos, es interesante seguir buscando temas originales. Siempre se puede contar algo que nos toca a todos y que, hasta ahora, a ningún comediante se le ocurrió.

6. 5. 5. HACER *STAND UP* NO ES DAR UNA CLASE

En el *Stand Up* no funciona dar clases de algo. ¿Sabés mucho de fotografía y querés explicar cómo se saca una buena foto? No es para *Stand Up*. A la mayoría de la gente, no le interesa. Lo que sí podés hacer es explicar por qué te frustra tanto no lograr sacar una buena foto, poniendo énfasis en la emoción (la frustración). Todos nos podemos identificar con la frustración de no poder lograr algo. Igual, siempre hay un mensaje. A través del humor, damos una mirada diferente sobre el mundo.

6. 5. 6. ¿CUÁNDO SE TERMINA DE ESCRIBIR UN CHISTE?

La buena comedia no se escribe, se reescribe. La escritura no termina con hacer un chiste una vez en el escenario (aunque la gente se haya reído). Tampoco lo descartamos porque no funcionó una vez. Lo volvemos a mirar, tratamos de mejorarlo y lo probamos otra vez. Lo pulimos. Y así varias veces hasta encontrar la mejor forma de decirlo. En general, hay que probar un chiste mínimo diez veces para que quede asentado, pero también puede ser veinte o treinta. Y a partir de ahí, siempre hay que estar abierto a agregar algo más al chiste, algún giro imprevisto. Hay que maximizar el potencial de los chistes. Los monólogos más eficaces se construyen con el tiempo y sobre un material que ya funciona.

El monólogo se puede mejorar de las siguientes formas:

~ Sacar todas las palabras que sobran (chistes más cortos significan más risas por minuto).

~ Buscar remates más fuertes.

~ Agregar chistes, profundizando la idea.

~ Agregar sobreremates.

~ Agregar y mejorar los *actings*.

~ Agregar *callbacks*.

~ Convertir la premisa en una línea de 3.

Veremos lo que son *premisas*, *actings*, *sobreremates*, *callbacks* y *líneas de 3* en el CAPÍTULO 8: TIPOS DE REMATES.

Hay que exprimir el material hasta tener una rutina explosiva.

Todo el proceso, desde la idea inicial hasta el chiste terminado, puede llevar semanas. Y para que todo un show esté a punto, meses y hasta años. Una buena ilustración sobre el proceso de construcción de material es el documental *Comedian* con Jerry Seinfeld.

A veces cuando uno está atascado, siente la tentación de borrar todo y empezar de cero. ¡No funciona! No se tira el material, se mejora. De lo contrario, es como comenzar de cero una y otra vez. Conviene mejorar lo que ya tenemos. Un material excelente se construye sobre un material bueno.

Ícono del *Stand Up*: Jerry Seinfeld

Jerry Seinfeld es el principal comediante políticamente correcto: accesible para las masas, pero de muy alto nivel. No usa malas palabras, no expresa opiniones políticas, no habla de sexo, casi nunca habla de la actualidad; así, su show no pierde vigencia. Hace comedia de observación, de lo más común y de lo mejor. Solo tiene que decir "La gente en general no está segura si hay leche en la casa" para cautivar al público por identificación. Todos sabemos que el descenso en trineo es un deporte ridículo, pero Seinfeld te explica por qué en un minuto de manera brillante.

Más allá de haber hecho los mismos chistes por años, uno lo siente fresco, fluido y muy disfrutable. Es una exhibición de técnica de *Stand Up* finamente trabajada y pulida. Hace *Stand Up* clásico. No usa atributos, no hay puesta en escena ni interacción con el público (por lo menos, él no la comienza). Solo necesita un traje y una corbata, telón rojo, silla de madera, un vaso de agua y un micrófono. Y actúa de forma muy relajada. Encuentra humor en lo más mínimo, como cuando una azafata cierra la cortina de primera clase y te mira como diciendo: "Tal vez si hubieras trabajado un poco más duro, no tendría que hacer eso".

LA CALIDAD ES MÁS IMPORTANTE QUE LA CANTIDAD

La prioridad de un comediante novato debe ser lograr cinco minutos explosivos para poder brillar en cualquier show. Lo más importante es la calidad y no la cantidad. Un club de comedia llama al comediante que tiene cinco minutos excelentes, no a uno que tiene una hora de nivel intermedio.

Hay que mejorar el material que ya funciona y sacar un chiste solo cuando se puede reemplazar por uno mejor. Cuando tengás cinco minutos excelentes, podés ir agregando más, pero de a poco, buscando mantener el nivel. Si se te ocurren muchas ideas que por ahora no encajan en tu monólogo, se pueden guardar para más adelante. En algún momento, te van a servir. Por ahora, conviene trabajar con las ideas que se puedan sumar a tu material, el cual ya funciona.

6. 5. 7. SER GROSERO Y ESCATOLÓGICO

No hay nada de malo con ser un comediante zarpado. Hay públicos a los que les encanta. Solo hay que saber que tus posibilidades de actuar serán más limitadas. Especialmente, si querés hacer eventos, tanto particulares como en empresas. Ahí quieren humor para toda la familia. Son los que más pagan. Lo ideal, es tener los dos: material blanco y no tanto.

Contraejemplo: Lisa Lampanelli

La maestra del humor escatológico es Lisa Lampanelli. Ningún tema para ella es tabú, pero tiene varias estrategias para que el público acepte su humor. Lo más importante es que se burla de todo el mundo. ¡Nadie se salva! Ella, tampoco. Así la gente se da cuenta de que ella no quiere discriminar a cierto grupo, ¡discrimina a todos!

Otra cosa que hace es explicar su estilo. Dice: "Mi show es así. Si querés pasarla bien, aceptalo lo antes posible y disfrutalo. Si no, la vas a pasar mal". Es una técnica muy eficaz. Es como decir: "Ya vinieron hasta acá, pagaron la entrada, ahora suelten sus prejuicios y diviértanse". Lo que hace también es burlarse del tipo de gente que no aprecia su humor. Por ejemplo, las viejas reprimidas. Como la gente no quiere ser como estas mujeres, se abren a su humor. Y da cumplidos a la gente que sí sabe apreciar su estilo.

CAPÍTULO 7

Más sobre la premisa (tema y sentimiento)

Voy a dedicar un capítulo especial a las primeras dos partes de un chiste: tema y sentimiento (la premisa). Si la premisa no es clara, no se entiende el chiste. Ahí reside todo el trabajo preparatorio. En general cuando un chiste es débil, los comediantes tratan de mejorar el remate, aunque muchas veces el problema está en la primera parte.

7. 1.   ¿QUÉ ES LA PREMISA?

La premisa es la introducción al chiste: instala el tema y hace saber lo que siente el comediante sobre este. Puede constar de una o más frases. Un ejemplo de una premisa con el tema y el sentimiento: "Me da mucha vergüenza hablar en público". El tema es hablar en público y el sentimiento es que da vergüenza. Además de decirlo, la vergüenza se tiene que poder ver en el comediante. O sea, el sentimiento se tiene que notar en las palabras y en la forma de decirlo.

7. 1. 1.   ¿QUÉ ES UNA BUENA PREMISA?

¡La premisa tiene que generar interés y conexión con el público! Para eso, el comediante debe estar interesado en el tema y demostrarlo a través de una actitud fuerte.

En el punto 7. 2., vamos a ver más características de una buena premisa.

7. 1. 2.   EL SENTIMIENTO PUEDE SER IMPLÍCITO

Con el tiempo, los comediantes ya no dicen explícitamente cuál es su sentimiento con respecto al tema. La actitud sale de cómo lo dicen.

Al principio (tanto para comediantes novatos como para comediantes con experiencia que prueban un chiste nuevo), puede ser de gran ayuda decir el sentimiento en voz alta, para que el sentimiento salga realmente. El cuerpo sigue a las palabras. Un ejemplo de premisa con el tema y el sentimiento más implícito: "A veces, lo que más me gusta de alguien al principio, después de un tiempo es lo que más me molesta". El tema está claro. Se trata de cómo puede cambiar la imagen de alguien mientras lo/a vamos conociendo. La actitud no está tan clara desde lo escrito. Se tendrá que notar y destacar en la actitud del comediante en el escenario. Pareciera que fuese frustración y enojo, pero no se puede saber exactamente sin escuchar al comediante.

7. 1. 3.   ¿LAS PREMISAS PUEDEN SER TRILLADAS?

Las premisas pueden ser trilladas porque ya está todo hecho, si no es en tu país, será en otro. Se puede hablar de cualquier tema (usado o no por otros comediantes), lo importante es que el comediante sea original en su punto de vista, que le dé otro enfoque. Lo que sí hay que evitar es que el remate sea trillado.

Un comediante tiene que ser especialmente original en su presentación (los primeros minutos de su monólogo). Puede ser desde su forma de ser o desde el tema que aborda. Una vez que haya conquistado al público desde un lugar diferente, este va a querer saber su opinión, sobre todo, en temas como el amor, los hombres, las mujeres, la convivencia, perros, gatos.

Hay que tener cuidado con las opiniones y los consejos de otros comediantes sobre ser original. Tal vez algunos te van a criticar por abordar otra vez el mismo tema (por ejemplo, sobre la vida en pareja). Pero ellos no son el público. Ellos ven varios shows de *Stand Up* por semana y la gente común solo ve uno cada tres o cuatro meses.

7. 2. CARACTERÍSTICAS DE UNA BUENA PREMISA

Una buena premisa debe ser clara y concisa, de conocimiento general, y verdadera o creíble.

7. 2. 1. CLARA Y CONCISA

El público tiene que entender la premisa. Para eso, tiene que ser clara y concisa, que no le sobre ni le falte una palabra. De lo contrario, el público se confunde, se pierde, se cansa. Cuando agregamos detalles que no son necesarios para el chiste, la gente se queda pensando en lugar de reírse. Por ejemplo, veamos esta premisa: "Me da vergüenza ajena cuando una señora, una chica o hasta un pibe se corta las uñas en el tren". El remate es: "Le pregunto: '¿Hacés eso en casa, también?'". Responde: "No. En casa no tengo tren". Acá, corremos el riesgo de que la gente espere que el comediante diga algo sobre el pibe y si después no aparece más, se quedan pensando «*¿Por qué mencionó al pibe? ¿Qué pasa con el que se corta las uñas en el colectivo?*». Se vuelve mucho más eficaz cuando se saca toda la información que sobra: "Me da mucha vergüenza ajena la gente que se corta las uñas en el tren". "Le pregunto: '¿Hacés eso en casa, también?'". Responde: "No. En casa no tengo tren".

Una premisa puede ser muy corta. Por ejemplo: "Odio distraerme tan fácilmente". Pero no necesariamente tiene que ser así. La premisa debe tener las palabras necesarias para que sea clara. También puede ser larga, por ejemplo: "Tuve problemas de erección. El tema es que yo pienso mucho. Y cuando un hombre tiene una erección, el veinticinco por ciento de la sangre de la cabeza va al pene. Pero cuando te ponés a pensar, a maquinar, este veinticinco por ciento vuelve a la cabeza y tu erección se va", (remate) "entonces, cuando tu pareja tenga ganas pero vos no, preguntale: '¿Cuánto es 15 por 149?'". En este chiste el sentimiento está implícito y no está tan claro cuál es el pie. El tema con el sentimiento explicito sería: "Es una mierda pensar mucho cuando tenés una erección". Y el pie: "Porque cuando un hombre tiene una erección, el veinticinco por ciento…".

Te conviene no utilizar muchas premisas largas en tu monólogo porque la gente se puede cansar o quedar en el camino si se tienen que concentrar demasiado. Otra desventaja de las premisas extensas es que generan muchas expectativas y necesitan un remate muy fuerte para estar a la altura de tanta introducción.

7. 2. 2. DE CONOCIMIENTO GENERAL

La premisa tiene que ser de conocimiento general para que el público pueda seguir al comediante. Por ejemplo, una mala premisa es "La película *Notting Hill* es poco creíble". Aunque *Notting Hill* haya sido una película exitosa, siempre hay una parte del público que no la vio y no sabe de qué está hablando el comediante. Habrá que explicar mucho antes de poder llegar al chiste. Como todo el mundo vio películas románticas, una buena premisa sería: "Las películas románticas son poco creíbles".

7. 2. 3. VERDADERA O CREÍBLE

Cuando un comediante dice una premisa, el público tiene que pensar «*Es verdad lo que dice*» o «*Le creo*». Entonces, por ejemplo, decir "Convivir es horrible" es una mala premisa porque la mayoría de la gente no piensa lo mismo (de lo contrario, nadie conviviría). Lo que sí pensamos todos es que puede ser difícil. Una buena premisa sería: "Convivir es difícil". Ahí la gente piensa que es verdad lo que dice el comediante. Mejor todavía sería decir: "Convivir puede ser difícil". Nadie puede contradecir eso. También el comediante lo puede hacer propio y presentarlo como algo que le pasa solo a él y no a todo el mundo. Puede decir: "Para mí, convivir es horrible". Así los espectadores no necesariamente tienen que estar de acuerdo. Solo tienen que creer que para el comediante es así. Todos conocemos personas que la pasan muy mal en la convivencia, así que puede ser.

7. 2. 4. COHERENTE

La premisa tiene que ser coherente con la imagen que transmite el comediante. De lo contario, no es creíble. Por ejemplo, un comediante no puede decir que es pobre si está vestido con un traje *Armani*. Tal vez haya alguna explicación (se lo prestó alguien), pero entonces tiene que haber un chiste con eso. De lo contrario, solo sabotea su propia actuación.

En el mismo sentido, un comediante que parece tener dieciocho años no puede hablar de la paternidad como si nada. Tendrá que aclarar la incoherencia. Puede ser que haya sido papá muy joven o que pareciera mucho más joven de lo que es. Por eso, a veces el comediante tiene que instalar una determinada imagen para que ciertas premisas sean creíbles o coherentes. Por ejemplo, tendrá que demostrar que tiene una vida bastante loca y diferente a los demás para que la siguiente premisa sea creíble: "Estoy cansado de las fiestas con mucho alcohol, drogas y gente desnuda". A menos que el remate sea: "Porque nunca me invitan", y ahí el público entiende que la premisa fue irónica.

CAPÍTULO 8

Tipos de remates

Hay varios tipos y estructuras de remates. Todos buscan hacer reír a través de la sorpresa y la mayoría tiene una cuota de exageración. ¡La sorpresa es fundamental para generar la risa! La gente se ríe porque el comediante dice algo que no veía venir.

Hay que variar entre los diferentes tipos de remates en un monólogo, de lo contrario el público comienza a darse cuenta cuándo va a venir la parte graciosa y, aunque no sepa el contenido, esto quita la sorpresa y el público deja de reírse.

LA EXAGERACIÓN

Para generar risas, hay que exagerar. Cuando te aferrás demasiado a lo real, a lo que en verdad pasó, los chistes pueden quedar poco eficaces por la falta de sorpresa. En general, la premisa y el pie son verídicos y exageramos en el remate.

EL LÍMITE DE LA EXAGERACIÓN

La dificultad está en saber hasta dónde podemos estirar la exageración. La distancia entre la premisa y el remate tiene que ser justa. Porque si esa distancia es demasiado corta, el público ve venir el remate. Y si es demasiado larga, se vuelve ridículo. Igual cuando exageramos un remate, muchas veces el público sabe que lo estamos haciendo y lo acepta.

Hay un límite muy fino entre algo gracioso y algo demasiado exagerado. Hay que ir buscándolo con el público. Desde lo teórico, no es fácil de entender. Es algo que se va aprendiendo a medida que probás material.

8. 1. LA LÍNEA DE 3

La línea de 3 es la estructura más simple para generar sorpresa. Son tres elementos en una lista: las primeras dos ideas son similares (pueden no ser graciosas) y la tercera rompe la lógica de las anteriores y genera risas. Siempre se usan tres elementos porque es la cantidad más fácil para recordar (para el público). El primer elemento en general instala algo creíble, el segundo lo refuerza y cuando llega el tercer elemento, es aceptado como verdadero. Está presente en el clásico chiste de bar: "Había una vez un alemán, un argentino y un gallego que entraron a un bar". Por algo, este tipo de chistes siempre es sobre tres nacionalidades. Tres funciona. Veamos un ejemplo: "Perder peso es simple. Solo tenés que comer menos, ejercitar más, y pagarle a la NASA para vivir en su habitación sin gravedad". Las dos primeras ideas son formas obvias y conocidas para perder peso (comer menos, ejercitar más). Es importante que esas ideas estén instaladas en la gente. Así ella sigue el razonamiento y espera un tercer elemento que sigue la misma lógica. Como la tercera (pagarle a la NASA para vivir en su habitación sin gravedad) es absurda, sorprende. Además, confirma la premisa y lo que todos pensamos: no es fácil perder peso y se necesitan medidas extremas. Claramente la premisa acá (perder peso es simple) es irónica.

La línea de 3 funciona en humor, prosa y oratoria en general (en cuentos casi siempre se describe a los personajes con tres características). Más ejemplos:

~ "No hay final feliz con la cocaína. O te morís, o vas en cana, o se te acaba", Sam Kinison.

~ "Ir a terapia no tiene sentido. El psicólogo me pregunta cómo estuvo mi semana y yo contesto siempre: 'Mi mamá sigue loca, todavía no corté el Edipo con papá, Ricky Martin no me contesta los llamados'", Natalia Carulias.

~ "Cuando uno se muere, ve una luz al final de un túnel. Cuando mi padre se muera, verá la luz, caminará hasta ella y la apagará para ahorrar electricidad", Harland Williams.

LA FUERZA DE LA LÍNEA DE 3

Recomiendo este tipo de remate para comenzar a escribir cualquier chiste porque ayuda a armarlo y a encontrar la sorpresa: en los primeros dos elementos se dice lo lógico (lo que piensa la gente) y después aparece la sorpresa. Muchas veces podemos sacar los primeros dos elementos y combinarlos con otro tipo de remate.

8. 2. LA LÍNEA DE 4

Una línea de 4 funciona igual que la de 3, pero tiene un elemento más. Para que el público no se pierda, conviene que sea concisa. Por ejemplo: "El producto más típico de la ciudad de Brujas, en Bélgica, es el encaje. Es un tejido muy fino, hecho a mano, por mujeres, en Taiwán", Kristof Micholt.

8. 3. ENUMERACIÓN

Es una variante más larga de la línea de 3 que busca la saturación. La idea es mencionar entre siete y diez elementos perfectamente aprendidos de memoria. La clave está en la musicalidad y el *timing*. Hay que decirlo con velocidad para lograr un efecto de mareo en el público. No puede haber pausa entre los elementos (a menos que la gente se ría). Puede haber un elemento final que sorprenda (como en la línea de 3). En este caso, es importante dejar una pequeña pausa antes del último.

Por ejemplo: "Algo está jodido, algo está muy mal en el mundo: ¡Guerra, enfermedad, muerte, destrucción, hambre, suciedad, pobreza, tortura, crimen, corrupción, y... los espectáculos de danza sobre hielo", George Carlin.

Otro ejemplo: "¡Después del parto no cagás más! Yo probé de todo: cereales, ciruelas, Dulcolax perlas, supositorios de glicerina, Agarol sabor vainilla… repollitos de Bruselas", Marina Tanzer.

También puede funcionar sin elemento sorpresivo, al final la gente se ríe de la enumeración en sí. La comediante Verónica Lorca (Argentina) tiene un chiste donde menciona ochenta sinónimos de la palabra *pene* y la gente se ríe porque le sorprende la cantidad de denominaciones que ella conoce.

Si hay elementos que son graciosos en sí, es importante ponerlos en orden ascendente de risas para que el chiste vaya hacia un *clímax*. En este caso, también se deja una pequeña pausa antes del último más fuerte. Germán Ven tiene un chiste sobre los apodos por ser pelado: "Desde que soy pelado, perdí mi nombre. Ahora me dicen pela, pelado, cabeza de kiwi, melón, bocha de helado, cabeza de rodilla, bebé de Yoly Bell… culo sin raya".

8. 4. REPETICIÓN

Se repite la misma palabra o frase, que no necesariamente es graciosa en sí misma, tantas veces hasta que genere risas. La sorpresa está en seguir diciendo lo mismo hasta llegar al punto en el que el público piense que el comediante no lo va a decir más, pero lo hace igual. Es algo que no se puede expresar en papel, pero recomiendo mirar dos de las rutinas más conocidas de Martín Pugliese: *¡Mirá, lo que sale un café!* y la de Mirtha Legrand y su pueblo natal, *¿Villa Cañas? Ja, me pongo de pie...*

8. 5. NEGACIÓN

En la negación el comediante declara algo y termina demostrando lo contrario. Lo gracioso está en que no asume lo que (le) pasa. Ejemplos:

~ "Yo soy de Bélgica, pero no soy el típico norte-europeo: frío, organizado y estructurado. ¿Está claro? Bueno, ahora voy a comenzar con el chiste número 1", Kristof Micholt.

~ "Yo no soy gorda, solo retengo líquidos. Fernet, Ron, Campari…", Laura Arce.

8. 6. COMPARACIÓN

El remate busca comparar dos elementos (situaciones, personas) que aparentemente no tienen nada que ver, encontrando similitudes entre ambos. El resultado es una metáfora que genera un efecto cómico. Por ejemplo, se puede decir que dejar de fumar es difícil y se puede comparar con otras cosas que también son difíciles.

"Dejar de fumar es más difícil que...

~ leer sin anteojos.

~ hacer que un adolescente cuente su día.

~ hacer que te obedezca tu gato".

A veces la comparación en sí misma ya genera risa. Por ejemplo: "¿Querés saber cómo es tener cuatro hijos? Imaginate que te estás ahogando y alguien te alcanza un bebé", Jim Gaffigan. En otros casos, hay que explicarlo o ejemplificarlo: "Las mujeres son como la policía, pueden tener toda la evidencia del mundo, pero igual quieren la confesión", Chris Rock. También se puede agregar algo para generar una imagen más fuerte todavía: "En Brujas (ciudad medieval en Bélgica) todo es viejo. Para mí es como Disneylandia para jubilados. Solo falta Mickey Mouse en silla de ruedas", Kristof Micholt.

En el último chiste, la comparación es entre Brujas y Disneylandia. Se agrega lo de Mickey Mouse para hacerlo más potente.

Luis Rubio hace un personaje muy famoso, un jugador de fútbol fracasado: Eber Ludueña. Hace muchos chistes a partir de las puteadas que le hacen en la cancha. Ejemplos: "Eber sos tan malo…

~ … tenés menos cierre que un jogging".

~ … cerrás menos que Farmacity".

~ … regalás más pelotas que Olé".

~ … tenés menos recorrido que el trencito de Puerto Madero".

También tiene muchos chistes sobre equipos de fútbol:

~ "A Gimnasia le dicen Bariloche: solo sirve para divertir a Estudiantes".

~ "A Arsenal le dicen fiebre: si son 40, son muchos".

8. 6. 1. RUTINA BASADA EN LA COMPARACIÓN

No solo hay chistes basados en la comparación, hay rutinas enteras basadas en ella. En estas, se comparan diferentes elementos que tienen que ver con el mismo tema. Clásicas son las diferencias entre hombres y mujeres, perros y gatos, la vida a los veinte y a los cuarenta, los padres de antes y los de ahora, la vida en capital y en el interior del país, nacionalidades, idiomas, costumbres. Una de las mejores rutinas jamás hecha es la de Chris Rock donde compara diferentes tipos de afro-americanos en Estados Unidos: *negros* y *niggas*.

Ícono del *Stand Up:* Chris Rock

Chris Rock se lanzó a la fama con una descarga de ocho minutos sobre un tema muy controversial en Estados Unidos. Más o menos a la mitad de su show, *Bring the Pain*, Chris Rock aborda un tema tan fundamental en la sociedad norteamericana que hasta Barack Obama lo mencionó en su campaña presidencial en 2008. Sigue siendo una de las rutinas más famosas y provocadoras hechas en *Stand Up*. "¿Quién es más racista, los negros o los blancos?". Su respuesta es una obra maestra por su claridad y sorpresa, aunque muy controvertida: "Los negros. ¿Saben por qué? Porque nosotros odiamos a los negros también". Después de tanto tiempo unidos por el sufrimiento, Rock argumenta que los negros se tienen que desunir para diferenciarse de la minoría criminal que entre ellos habita. Si no, todo el mundo será tratado de forma injusta. "Hay dos lados: los negros y los *niggas*. Y los *niggas* se tienen que ir". El video fue grabado en frente de un público negro en Washington DC, la ciudad donde Martin Luther King alguna vez soñó con que sus hijos ya no serían juzgados por el color de su piel sino por su personalidad.

Tomado a la ligera y fuera de contexto (como hacen algunos), la descarga de Rock sobre los ignorantes y violentos *niggas* parece apoyar una pésima forma de estereotipar, sobre todo por usar la palabra más prohibida en Estados Unidos. Pero criticando esos comportamientos, se convirtió en un héroe por hacer algo inspirador desde la simple decencia.

El abuelo de Chris Rock fue predicador en el estado de Carolina del Sur, y se nota su influencia en él en la forma de caminar sobre el escenario, disparando sus palabras. Tiene el talento de esculpir ideas complejas en frases comunes, simples y graciosas. De esa forma, logra transmitir un mensaje, algo que no es muy común ni fácil en el *Stand Up*. Muchos dicen las mismas cosas que él, pero gracias al humor, su mensaje tiene más impacto. Convierte temas muy delicados en algo discutible.

8. 7. CUESTIONAMIENTO E HIPÓTESIS

El cuestionamiento y la hipótesis son complementarios.

8. 7. 1. CUESTIONAMIENTO

El comediante cuestiona algo cotidiano que no tiene sentido. Hace reír solo con hacer la pregunta. Ejemplos:

~ "Los bomberos usan un caño para bajar. Si es tan importante bajar rápido, ¿por qué están arriba?", Theo Maassen.

~ "El apéndice, ¿por qué Dios lo pondría dentro de nosotros cuando no hace absolutamente nada, excepto, de vez en cuando, matarte sin el menor motivo?", Dara Ó Briain.

~ "¿Por qué no hacen todo el avión del material de la caja negra?", Steven Wright.

~ "¿Por qué cuando estoy en un auto y voy junto a un edificio espejado, miro en el reflejo para ver si estoy en el auto?", Jerry Seinfeld.

8. 7. 2. HIPÓTESIS

Cuando el comediante agrega su propia explicación a un cuestionamiento (que puede ser gracioso en sí, o no), hablamos de hipótesis. Ejemplo: "¿Por qué cuando alguien se muere en una película, siempre va al cielo en escalera mecánica? ¿Será que el cielo queda en el patio de comidas del shopping?", Kristof Micholt.

Otra forma de hipótesis es cuando un comediante desarrolla toda una teoría a partir de su visión del mundo. Así, puede decir por ejemplo lo que significa para él/ella cómo es estar enamorado/a, qué es el amor, la amistad, la justicia, el respeto, la puntualidad.

También se puede tomar un evento histórico y dar su propia versión del acontecimiento. Eddie Izzard, por ejemplo, cuenta su versión de la creación de la iglesia anglicana.

Otros comediantes dan su versión sobre la vida de Jesús, el invento de la rueda o del agua embotellada. Brian Regan, por ejemplo, cuestiona el nombre *walkie talkie* y después da su versión de cómo fue que le dieron este nombre.

8. 8. EXAGERACIÓN

Se busca la exageración hasta el absurdo. Muchas veces se puede identificar la exageración por las palabras "... es tan... que...":

~ Es tan gordo/flaco que…

~ Es tan tacaño que…

~ Es tan chico/grande que…

~ Es tan barato/caro que...

Ejemplos:

~ "Yo robo mucho de los hoteles. He robado tanto de los hoteles que a mi casa le han puesto 2 estrellas", Luis Álvaro.

~ "Mick Jagger tiene labios tan grandes que hasta los negros dicen: "Tiene labios muy grandes"", Eddie Murphy.

~ "Mi cuerpo se está viniendo abajo tan rápido que mi ginecólogo usa casco", Joan Rivers.

~ "Está tan viejo que cuando pide un huevo cocido por 3 minutos le piden el dinero por adelantado", Milton Berle.

~ "Bélgica es un país muy chico. Es 90 veces más chico que Argentina. Si en Bélgica te pasás una parada de colectivo, ya estás en otro país", Kristof Micholt.

Como vemos en este último ejemplo, no siempre hace falta decir literalmente "... es tan... que...".

8. 9. CAMBIO DE SENTIDO

En el cambio de sentido, llevamos al público en una dirección bien definida con el pie (el argumento), y con el remate los llevamos por otro lado. La clave está en que quede bien definida la dirección del pie para que sea notorio el cambio de sentido en el remate. Para que el chiste sea bien potente, lo ideal es lograr que la gente piense que el comediante va a decir algo bien concreto y después diga algo inesperado. Por ejemplo: "Yo me casé porque quería tener conmigo para siempre lo más preciado que tengo en esta vida: mi DNI argentino". El público espera que diga "mi mujer", entonces se sorprende cuando digo mi DNI argentino. Más ejemplos:

~ "Estaba en la peluquería y el peluquero me preguntó: '¿Cómo le gustaría su corte de pelo?' Le dije: 'En silencio", Anónimo.

~ "Tuve gemelos y la etapa más difícil con mis hijos fue los dos primeros años. Imagínense su vida si le ponen de repente dos bebés en casa y los tienen que cuidar. Los primeros dos años en mi casa fue llanto a la mañana, llanto a la tarde, llanto a la noche. Todo el día llanto. Y cuando lloraban mis hijos, peor", Walter Gómez.

~ "¿Conocen esa mirada que tienen las mujeres cuando quieren sexo? Yo tampoco", Steve Martin.

8. 9. 1. CAMBIO DE SENTIDO CON LÍNEA DE 3

Combinar una línea de 3 con un cambio de sentido es muy eficaz e ideal para arrancar un monólogo porque va bien con chistes de presentación y es casi una garantía de risa. Ejemplo: "Gracias por venir a ver este show hoy, un sábado tarde a la noche. Yo, un sábado a esta hora, me quedo en casa viendo Netflix y drogándome. No, mentira, no tengo Netflix", Guillermo Schneider.

La línea de 3 es: "Yo, un sábado a la noche, <u>me quedo en casa viendo Netflix y drogándome</u>". El cambio de sentido es: "No, mentira, no tengo Netflix". Lo que logra el cambio de sentido es "No, mentira", porque hace pensar que va a decir que no se droga en lugar de ver Netflix. En lugar de "No, (es) mentira" muchas veces se usa "No, (es un) chiste".

8. 10. *ACTING*

En el *acting*, el comediante actúa una situación. Deja de hablar directamente al público y muestra la situación en lugar de contarla. En Estados Unidos, usan el término *act out*. Es más preciso para describir de qué se trata: mostrar el chiste hacia afuera, actuándolo.

El *acting* es muy eficaz porque da más vida al chiste y rompe con la monotonía del monólogo. Hace que el público se imagine la situación y trae el momento al aquí y ahora.

En general, es una conversación con alguien y el comediante hace el papel de ambos. Puede ser solo una frase o dos, también toda una conversación y a veces solo es un gesto o una mirada. Aunque no siempre es una conversación con alguien. Puede haber solo una persona (por ejemplo, el comediante muestra cómo está pensando en voz alta en la ducha) o puede haber más personas (el comediante hace de varios familiares en la fiesta de Navidad). O una conversación con un animal o un objeto.

Conviene que los *actings* sean simples y breves. Si no el público se pierde. Hay que tener cuidado de no caer en armar todo un sketch. No funciona en el *Stand Up* (a menos que tengas dones teatrales geniales como Robin Williams). El peligro con los *actings* está en querer ir directamente al *acting* sin explicar cuál es la situación. Hay que introducir el *acting* con una buena premisa y un argumento claro. No es un sketch, es *Stand Up*.

Para demostrar que el *acting* hace el monólogo más dinámico y vivaz, compararemos un chiste con *acting* y sin *acting*. Hay que decirlos en voz alta para darse cuenta. El chiste con *acting*: "Cuando llegué al aeropuerto, no aparecía mi valija entonces fui al servicio de clientes y el tipo me preguntó: 'Pero, señor, ¿su avión ya aterrizó?' 'No, yo me bajé antes'".

Sin *acting* quedaría así: "Cuando llegué al aeropuerto, no aparecía mi valija entonces fui al servicio de clientes y el tipo me pregunté si ya había aterrizado mi avión. Entonces le contesté que no, que me había bajado antes".

No hace falta ser un gran actor para hacer un *acting* eficaz, muchas veces alcanza con una mirada o un movimiento simple del cuerpo. Con respecto a la actuación en sí, siempre es conveniente menos que más (obviamente lo ideal es actuar lo justo). La mayoría hace de más y sobreactúa. Algunos a propósito porque piensan que hacer comedia es exagerar caras, movimientos y sonidos. Eso no es ser gracioso, eso es sobreactuar. Es preferible probar con algo chiquito, de a poco, hasta adquirir la confianza y la medida justa del *acting* para cada chiste.

Ícono del *Stand Up*: Lee Evans

Lee Evans tiene un estilo físico del humor observacional. Es un comediante convencional que llega a las masas con sus observaciones sobre lo cotidiano, a veces bizarras u oscuras, pero siempre identificables. Sabe como nadie mostrar las situaciones cotidianas que todos conocemos, usando todo su cuerpo y energía. Parece que para Evans el *Stand Up* no es solo un arte, también es un deporte. Llenó estadios con sus shows, hasta el *Wembley*.

8.10.1. IMITACIONES

Un tipo de *acting* son las imitaciones. Se puede imitar a un famoso, un familiar, un animal, sonidos, objetos. Eddie Murphy se hizo fuerte en el *Stand Up*, principalmente imitando a cantantes famosos como Elvis Presley y James Brown.

A los comediantes que saben hacer buenas imitaciones, muchas veces les cuesta darle forma al monólogo, cómo ir de una imitación a la otra. En realidad, tienen el mismo trabajo que los demás comediantes: a cada imitación le tienen que encontrar la premisa y el pie que corresponda.

Ícono del *Stand Up:* Eddie Murphy

Eddie Murphy fue una verdadera superestrella del *Stand Up*. Sin miedo, vestido de cuero y con mucha confianza en sí mismo, grabó su show *Delirious* a principio de los '80. Tenía veintidós años y aún hoy es el show más famoso de *Stand Up*. Nadie fue tan *cool* con un bigote desde entonces.

Mirando el show hoy, hay bastantes chistes homofóbicos y machistas. Él decía que no importaba, que se burlaba de cualquiera, y parece verdad. No hacía crítica social. Él es muy buen imitador y un brillante mimo. A veces, es difícil distinguir entre Murphy y el famoso imitado. Canta como Michael Jackson, Elvis Presley y James Brown. También le gusta hablar sobre su familia. Imita a su padrastro alcohólico y a los niños.

Cuando queremos imitar a una persona común, es más difícil. Como la gente no la conoce, hay que instalar bien el personaje. A menos que sea un personaje conocido de nuestra vida cotidiana. Una comediante que lo hace genial es Margaret Cho (EE.UU.), imitando a su madre coreana.

Ícono del *Stand Up:* Margaret Cho

El fuerte de Margaret Cho es su honestidad audaz y su estilo bien pulido. Lo mantiene desde los dieciséis años. Su nacionalidad coreana y americana hace que su material sea distinto.

Cho mezcla voces ridículas con chistes y observaciones crudas. Sobre su primera experiencia sexual con una mujer, dijo: "Toda la experiencia estuve pensando: «¿Soy gay?, ¿Soy hetero?». Y me di cuenta, solo soy fácil..." o "Fue realmente aterrador tener sexo con una mujer, porque no podía fingirlo como de costumbre". Tiene varias rutinas que quedaron en la memoria colectiva: cuando habla de un trabajo en un crucero para lesbianas a Alaska; las impresiones recurrentes de los mensajes de voz de su madre coreana que son hilarantes; y una de las mejores rutinas jamás hecha es cuando cuenta la reacción de su madre hacia una revista porno gay llamada *Ass Master.*

Lo que realmente hace la diferencia es la honestidad de Cho sobre su pasado hablando de cosas embarazosas, como su afán de dar sexo oral cuando tomaba mucho alcohol ("Solo quería que la gente me quiera, era como una atención", decía). También, cuenta recuerdos oscuros sin volverse sentimental ni aburrida. Hay que mantener las risas con frases como: "Comencé a tomar buscando la muerte, porque pensé: «*Seré exitosa en eso*». Y realmente quería matarme, pero tenía demasiado miedo como para hacerlo". En lugar de enfriar el clima, logró generar más risas con esas revelaciones mostrando cuánto significan para ella.

8. 10. 2. PERSONIFICACIONES

Otro *acting* muy popular y efectivo es personificar a animales u objetos. Se trata de darles atributos humanos como hablar, pensar, soñar. Hay muchos ejemplos de comediantes que hacen *actings* con lo que puede estar pensando un perro, un gato o hasta un auto.

8. 11. JUEGO DE PALABRAS

En un juego de palabras un comediante se divierte con los diferentes sentidos de una palabra o expresión, o con la construcción de una frase. Funciona, a veces, como un cambio de sentido. El comediante hace pensar al público que está usando la palabra en determinado sentido y resulta que es otro: "Soy de Morón. Morón tiene una característica muy especial: 4696…", Mariano Potel. Pensamos que va a hablar de una característica del lugar (que es muy chico, agradable), pero habla del prefijo del número de teléfono.

Hay más formas de jugar con las palabras. Está el caso de una expresión: "Acostate en tu estufa a leña, vas a dormir como un tronco", de Ellen DeGeneres; o "Nunca compro más de dos leches, pienso que la tercera es la vencida", de Mariano Potel.

También se puede jugar con la sonoridad similar entre palabras. Por ejemplo: "Algunos de sus acólitos son personajes muy famosos, pero la mayoría son acólitos anónimos", de *Les Luthiers*. Se juega con la similitud entre las palabras *acólito* y *alcohólico*. El diario *Olé* lo hace mucho en sus títulos, especialmente con nombres de jugadores de fútbol. Ejemplos: *Messiento bien* (Lionel Messi) o *Kun goles* (Sergio Agüero). *Olé* tiene un humorista que se dedica exclusivamente a eso.

8. 12. LITERALIDAD

Este remate toma lo que se dice "de forma literal". Por ejemplo: "Fui al video club y le dije al hombre que quería alquilar *Batman por siempre*. Me dijo: 'No, tiene que devolverla el domingo'", Tim Vine.

Es muy eficaz para usar con dichos populares, expresiones y frases de uso cotidiano. Por ejemplo: "En Argentina se usan muchas metáforas. Yo pregunto algo muy simple, por ejemplo: '¿Cómo llego a tal lugar?' Y me contestan: 'Te la debo'. (Y yo contesto): 'Y te la voy a cobrar"; "En Argentina, primero me alojé en una casa de familia. Tenía veintidós años y la madre me dijo: 'Kristof, te vamos a tratar como a nuestros hijos'. 'Yo: Pero tus hijos tienen tres y cuatro años'. Ella: 'Shut, shut, ahora dormite", Kristof Micholt.

La literalidad funciona muy bien con palabras como: siempre, nunca, todo. Te llevan a una exageración. Veamos un ejemplo con la palabra *todo*: "Vi un comercial, tarde por la noche, y decía: 'Olvidate todo lo que sabés sobre cubrecamas'. Y lo hice. Me saqué un peso de encima. Pero después el comercial intentaba venderme cubrecamas y yo no sabía lo que eran", Mitch Hedberg.

8. 13. *MIX*

El *mix* plantea un paralelismo entre dos mundos o situaciones muy diferentes. Se trata de trasladar una situación, una persona o un objeto a otro contexto.

El remate responde a la pregunta hipotética: "¿Qué pasaría si...?". Esta pregunta nos lleva al lado derecho del cerebro donde está la creatividad. Es muy poderosa. Por ejemplo, se puede preguntar ¿qué pasaría si un policía usa el vocabulario del trabajo cuando habla de temas personales? "¿Por qué los policías se complican tanto para hablar?, ¿cómo será un lunes en una comisaría con dos policías contándose lo que hicieron el fin de semana? El sábado, siendo las dos mil trescientas (23hs.), me dirijo a un local bailable ubicado en la intersección de las arterias Costa Rica y Serrano, hoy llamada Jorge Luis Borges. Inmediatamente, en el interior del recinto, diviso la presencia de una femenina caucásica de mediana estatura, pectoral prominente y caderas marcadas. Se produce entre ambos un contacto visual, luego un intercambio de palabras, mediante el cual el masculino que suscribe invita a la femenina a pasar a un local habilitado para amarse por horas...", Mariano la Venia. Para que funcione el remate, la persona tiene que conservar la misma actitud en el otro contexto. Retomando el chiste anterior, es importante que el policía siga usando el vocabulario de policía en su vida privada.

Aquí tenemos otro: "Almorcé con Garry Kasparov (campeón de ajedrez) y habían puesto un mantel a cuadros blancos y negros. Le pedí que me pasara la sal y demoró 45 minutos", Tim Vine.

Los verbos mágicos para el *mix* son imaginar y soñar, porque en la imaginación y en el sueño todo es posible, no hay límites. Nos permiten llevar al público a cualquier lado.

También, se puede preguntar lo diferente que hubiesen sido ciertas cosas en el pasado, con otras circunstancias. Mariano Potel pregunta: "¿Ustedes se imaginan a Jesús casado?".

La técnica ideal para construir una rutina basada en el *mix* es el *Mind Mapping*. Lo vemos más adelante.

8. 13. 1. RUTINAS BASADAS EN EL MIX

Igual que con la comparación, se pueden hacer rutinas enteras basadas en el *mix*.

Ellen DeGeneres tiene una rutina muy conocida que contesta a la pregunta: "¿Qué pasaría si pudiera llamar a Dios? ¿Qué le preguntaría?".

Ícono del *Stand Up:* Ellen DeGeneres

Ellen DeGeneres es famosa por dos cosas: su trabajo en televisión (un par de *sitcoms* y su propio *talkshow*, todos con su nombre), y su lucha por los derechos de la comunidad LGBT.

Sabe cómo conciliar contradicciones. Combina un ojo cínico con mucha calidez humana. Ella tiene una rutina sobre las instrucciones del dorso de una botella de champú. Genera risas por el sarcasmo que usa para explorar el tema. Después, lo lleva hacia el ejemplo de esa persona mono, que fue criada por monos y lobos, que necesitaría esas instrucciones sobre cómo usar champú. Muchas veces sus rutinas surgen de la frustración, pero después las lleva a un mundo más amable, más absurdo que su propio mundo, donde los animales son respetados.

Su calidez también hace que el público nunca sienta que está predicando a pesar de ser vegana, lesbiana o usar términos como *tu niño interior*. Tampoco duda en ventilar su opinión política. Logra conciliar sus opiniones contradictorias sobre, por ejemplo, ser vegana y lo absurdo de los locales de comida sana. Ella no tiene miedo de mostrar sus fracasos, de seguir sus propios principios.

Uno de sus chistes más conocidos es: "Dicen que solo usamos el 10 por ciento de nuestro cerebro. Imagínense lo que podríamos lograr si usáramos el otro 60 por ciento".

Otra rutina muy famosa basada en el *mix* es la de Eddie Izzard (Reino Unido) *La cantina de la Estrella de la Muerte* (de *Star Wars*), donde se imagina a Darth Vader pidiendo comida en la cantina del trabajo. Contesta a la pregunta: "¿Qué pasaría si Darth Vader tuviese que ir a buscar su almuerzo a la cantina del trabajo como cualquier persona normal?". La clave de la rutina es que los dos personajes, Darth Vader (el hombre más poderoso del universo que puede matar con un pensamiento) y la empleada de la cantina (que insiste en que Darth Vader tiene que ir a buscar una bandeja para la comida), se mantienen en sus roles.

En Bélgica, hubo un programa de televisión con sketches humorísticos basados en el *mix*. Se llamaba *Wat als...?* (*¿Qué pasaría si?*). Fue muy exitoso y ganó varios premios. Algunos de los títulos: *¿Qué pasaría si...*

Facebook no existiera?

no existiera el doble sentido?

pudieras vender cualquier cosa?

hubiese existido el celular en la época de Jesús?

8. 14. IRONÍA

El remate de ironía funciona mucho como respuesta a preguntas y comentarios tontos. Se toman situaciones como cuando perdés las llaves y te preguntan "¿a dónde las dejaste?"; te cortaste el pelo y te preguntan si te lo cortaste; o entrás a tu casa y te preguntan si ya llegaste.

A estas preguntas, se puede contestar explicando lo estúpida que es la pregunta, pero es más elegante demostrarlo a través de la ironía. Ejemplos:

-"Estoy en un bar y me encuentro a un amigo en pleno brindis, y me pregunta: '¿Qué hacés acá? ', 'Nada, vine a limpiar los ceniceros, pero terminé de hacerlo y ya me voy", Anónimo.

-"Mi primer trabajo fue en un *callcenter*. Entonces la gente te pregunta: '¿Lo hacés porque no encontrás otra cosa?', 'No, trabajar en un *callcenter* siempre fue mi sueño. Me encanta que me puteen", Kristof Micholt.

Otra opción para hacer con las preguntas tontas es tratar de lograr que la pregunta sea el remate final que genera la risa. Mario de Candia (locutor de *Bendita TV* en Canal 9, Argentina), cuenta que es algo famoso pero no tanto. Entonces dice: "Muchas personas me hacen dudar de mi existencia porque me ven y me preguntan: '¿Sos vos?'".

8. 15. *CALLBACK*

En el *callback* se refiere a algo que ya se dijo antes en el monólogo. Se puede repetir un remate o simplemente hacer referencia a algo dicho anteriormente. Podemos referir a algo que dijimos nosotros, otro comediante o tal vez alguien del público. Es importante que el comediante ya esté hablando de otra cosa cuando haga el *callback*. De lo contrario, no sorprende. Por ejemplo, yo hago el siguiente chiste al principio de mi monólogo: "Estoy un poco nervioso por estar acá delante de ustedes. Mi padre me dijo que es normal: no es tu idioma, no conocés a la gente y no sos gracioso. Pero no es eso. Yo tengo miedo de tener que ir a cagar. Yo soy una de estas personas que solo puede ir al baño en su propia casa. Mi casa es en Bélgica… hace 7 meses que no voy…". Más tarde, en el monólogo digo: "Después de casarnos, nos fuimos a Bélgica porque yo ya urgentemente tenía que cagar".

Lo lindo de este tipo de remate es que genera mucha complicidad con el público y a ellos les parece inteligente. Es ideal para hacer al final de un monólogo porque, como se conectan diferentes partes del monólogo, da un sentimiento de redondeo, de cierre.

En general un *callback* no se nos ocurre escribiendo, surge actuando en el escenario. Es difícil buscarlo, pero aparece.

8. 16. *RUNNING GAG*

El *running gag* es algo que se repite en diferentes momentos del monólogo y, a fuerza de repetición, comienza a hacer reír. Puede ser una frase o un movimiento.

La diferencia con el *callback* es que cuando se dice el *running gag* la primera vez, nadie se ríe. Se instala por repetición. Por ejemplo: yo tuve un profesor que enseñaba lógica en la facultad de derecho y cada dos semanas nos mostraba un truco de magia. Siempre arrancaba diciendo: "De casualidad traje unos naipes…". Las primeras veces no nos reímos con esa frase, pero ya la tercera, cuarta vez, sí.

En el *Stand Up* no hay muchos comediantes que lo usen. Una excepción fue Rodney Dangerfield, que se hizo famoso por la frase: *I get no respect* (nadie me respeta). Lo solía repetir cada tanto, después de un remate.

8. 17. SOBREREMATE

Un sobreremate es un remate que sigue directamente después de otro (sin instalar una nueva premisa ni pie). Puede ser cualquier tipo de remate de los que vimos hasta ahora.

Cuando hay varios, podemos tener varias risas seguidas en muy pocos segundos. Preferentemente, cada sobreremate tiene que ser más fuerte que el anterior, así la risa va creciendo hacia un *clímax*. Por ejemplo: "Nadar es bueno, especialmente si uno se está ahogando. No solo uno hace ejercicio cardiovascular, sino que además uno no se muere", Jimmy Carr.

La comediante Phyllis Diller está listada en el *Guinness* por tener más risas por minuto. Hace doce chistes sobre la gordura de su tía. Son doce remates sobre la misma premisa: "Mi tía es tan gorda que…". Acá van un par: "Es tan gorda que cuando se vestía de blanco, le proyectábamos una película" y "era tan gorda que nació el 8, 9 y 10 de junio". Este récord mundial es parte de una rutina de casi seis minutos con la misma premisa. El tema no cambia con cada remate y la forma de decirlo es diferente. Ella maneja muy bien las pausas y lleva al público a una ola de risas.

8. 18. *ONELINER*

Quiero hablar del *oneliner* porque se lo menciona mucho como un tipo de remate, pero para mí no lo es. Con *oneliner* simplemente estamos indicando que el chiste es corto (máximo, una frase). Después, puede ser cualquier tipo de remate mencionado anteriormente, aunque principalmente el juego de palabras, la literalidad o los cambios de sentido son los que más se prestan para un chiste corto. Ejemplos:

- ~ "El curso de cómo sobrellevar decepciones fue cancelado, otra vez", Herman Finkers.

- ~ "Yo nunca fui el preferido de mis padres, y eso que soy hijo único", Hugo Fili.

- ~ "La primera vez que leí el diccionario, pensé que era un poema sobre todo", Steven Wright.

- ~ "Escribí una canción pero no puedo leer música, así que no sé cómo es", Steven Wright.

Ícono del *Stand Up*: Steven Wright

Si Wright siente las mismas emociones que los demás, tiene una capacidad casi sobrehumana para no mostrarlas. En el escenario y en todas las películas en las que actuó, siempre fue así. Parece casi autista, pero sus *oneliners* afilados son todo lo opuesto. Sus chistes son como rompecabezas lógicos, llenos de leyes inversas de física e inteligencia sin sentido. Siempre le da un toque filosófico a lo que hace. Por ejemplo: "El otro día me levanté y todo en mi departamento había sido robado y reemplazado por réplicas exactas".

Steven Wright tira sus *oneliners* con el modo letárgico y monótono de un hombre con resaca terminal. Tiene una voz muy particular. Como habla muy lento, deja que el público piense en sus palabras.

CAPÍTULO 9

¿Sobre qué hablar en Stand Up?

9. 1. VOS MISMO

El tema número uno en *Stand Up* es… ¡VOS, VOS y VOS! Sí, es bastante egocéntrico, pero se puede y hay que hablar de uno mismo. El público quiere saber quién es el comediante que está parado delante de ellos y cómo es su vida. Lo quiere y lo necesita para poder conectarse. Es fundamental.

Pionero del *Stand Up:* Woody Allen

En general el *Stand Up* no envejece bien. A los pocos años, se hace anticuado y se siente fuera de época. Eso no pasa con Woody Allen (EE.UU.). Después de cincuenta años Allen es mucho más famoso por sus películas y vida privada, pero sus chistes se mantienen frescos y vivos, aunque traten temas trillados. Dice: "Las mujeres son mi punto débil. Siempre pienso que un día me van a hacer una fiesta sorpresa por mi cumple con una torta gigante y una mujer desnuda saltará de la torta, me lastimará y se meterá de vuelta".

El estilo de Allen, aunque sea puesto en escena, es siempre relajado y conversacional, por eso no pasó de moda. Fue el primer comediante que comenzó a hacer chistes sobre sí mismo, lo que hace sus monólogos muy modernos porque es lo que hacen casi todos los comediantes hoy en día.

---

9. 2. TEMAS DE PRESENTACIÓN

Cuando un comediante no es conocido, se tiene que presentar al público igual que en la vida cotidiana. Cuando conocemos a alguien, le decimos nombre, lugar de origen, lugar de residencia, trabajo y situación sentimental (soltero, casado, con o sin hijos). No hace falta hacer chistes con todos estos elementos, pero mínimo con dos o tres.

Conviene hacer el siguiente ejercicio. Imaginate que vas a una fiesta de casamiento y te sientan en una mesa con gente totalmente desconocida, "¿De qué vas a hablar primero? ¿De religión? ¿De política? ¿De tu vida como *swinger*?" Y no. Sería muy raro. En un show de *Stand Up* es igual. La gente se va conociendo de a poco. De lo contrario, es chocante. Una excepción es que en el *Stand Up* de entrada se puede hacer chistes con algún aspecto físico o forma particular de hablar. Esto sería muy raro en la vida social: "Hola, soy pelado…".

Es diferente cuando el comediante es conocido y el público lo va a ver especialmente a él. En este caso, no hay que ganarse al público. Ya conocen al comediante, les gusta lo que hace y lo van a ver por eso. Del mismo modo como cuando volvemos a ver a un amigo, primero conviene hablar de cosas más triviales antes de pasar a cosas más personales y atrevidas.

En resumen, los temas de presentación son:

~ Nombre.

~ Origen.

~ Lugar de residencia actual.

~ Trabajo.

~ Situación sentimental.

~ Un aspecto físico llamativo.

~ Forma particular de hablar.

9. 3. TEMAS OBLIGATORIOS

A veces, hay temas que tenemos que abordar aunque no siempre queramos. Hay aspectos que llaman tanto la atención de un comediante, que se tiene que decir algo sobre ellos. De lo contrario, la gente se queda pensando en eso y no escucha del todo hasta que el comediante lo nombre. Esto pasa cuando el comediante tiene un acento de otro lugar, dialecto, tartamudeo, o tiene un gran parecido a un famoso.

Yo soy de Bélgica y obviamente hablo con un acento. Entonces en todos los shows, mínimamente tengo que decir que soy de Bélgica y hacer un chiste sobre eso. Si no, la gente se queda pensando: «*¿De dónde es?*» o «*En serio, tiene un acento raro ¿y no va a decir nada sobre eso?*» o «*Es de otro país ¿y no va a hacer ningún chiste con eso?*».

Y por ejemplo, cuando un comediante es parecido a un famoso, se quedan pensando: «*¡Es muy parecido a Chayanne! ¿No lo sabe? ¿Nadie se lo dijo?*». También puede pasar que no encuentran el famoso al que se parece el comediante y piensan: «*Por dios, ese tipo me hace acordar a alguien, pero ¿a quién...?*». Hasta encontrar quién es, no van estar atentos a tu monólogo al cien por ciento.

9. 3. 1.   ACTUAR EN OTRO PAÍS

Cuando un comediante actúa en otro país, no solo esperan que haga algún chiste sobre su propio país o nacionalidad, también esperan que diga algo sobre el país donde está actuando (ya sea sobre la comida, las costumbres, la forma de hablar). Y aunque no nos guste, es difícil escapar a los prejuicios. No todos los países tienen los mismos prejuicios sobre cierta nacionalidad. Siempre hay que averiguarlo. Por ejemplo en el caso de los belgas, los franceses y holandeses piensan que somos tontos, los ingleses piensan que somos aburridos y los argentinos piensan que somos europeos fríos y muy racionales.

También hay que investigar el tema del vocabulario y adaptar el monólogo donde sea necesario. Aunque se hable el mismo idioma, siempre hay palabras que tienen un significado diferente según el país.

9. 4. VOS Y TUS INTERESES

Una vez que un comediante se haya presentado, el tema que atraviesa todo su monólogo sigue siendo él. La originalidad del *Stand Up* no está en el tema pero sí en la opinión del comediante, su visión del mundo. Puede hablar de (casi) cualquier cosa, pero siempre desde él: tiene que contar lo que le pasa con el tema que está tratando. Por ejemplo: tengo una rutina sobre el hecho de que mi papá es gay. Al público no le interesa mi padre en sí, porque él no está en el escenario, estoy yo. Lo que sí les interesa es saber qué me pasa a mí con el hecho de tener un papá gay. Muchas veces cuando mis alumnos traen un tema para hacer chistes, les tengo que decir y preguntar repetidas veces: "Es un tema interesante, la idea es buena, ahora quiero saber: ¿Qué te pasa a vos con este tema?".

Si no sabés de qué hablar, preguntate de qué hablás con tus amigos. ¿De hombres, mujeres, series, política, música, amigos, sexo, maquillaje, adicciones? Y más importante todavía: "¿de qué te quejás?". No te olvidés que el humor siempre surge de los problemas.

9. 5. TEMAS COTIDIANOS Y UNIVERSALES

Como ya mencionamos en la introducción, al público de *Stand Up* le gusta que los comediantes hablen de temas cotidianos, cosas que son parte de su vida y con las cuales se pueden identificar. El público disfruta mucho esa sensación.

Este tipo de temas genera un vínculo estrecho entre el público y el comediante. Algunos ejemplos son: ir a un bar/restaurante, la farmacia, el supermercado, enamorarse, ser soltero, ir a un casamiento, las fiestas familiares, los padres... porque todos los vivimos y sabemos de qué habla el comediante.

9. 6. LÍMITES

Por más que el comediante se haya ganado la simpatía del público, o por más sincero que sea, hay temas que no van a entrar porque el público tiene otro perfil. Es cierto que es importante que el comediante defienda su material, que tenga la actitud: "Esto es lo que tengo para decir, ¡escúchenme!". Pero, lamentablemente, pasa que a los espectadores no les interesan ciertos temas por la razón que fuese. Como también habrá gente a quien no le gustará el estilo de algún comediante. Por ejemplo, será muy difícil hacer chistes sobre *WhatsApp* si la mayoría de la gente en el público tiene más de sesenta y cinco años y no lo usa. Más allá de que se pueda explicar cómo funciona, nunca va a ser tan gracioso como para la gente que sí lo usa. El comediante puede explicar algunas cosas de vez en cuando o contar algo (como la historia de una película para los que no la vieron), pero no hay que hacerlo demasiado porque el público se cansa.

Algunos ejemplos de temas que solo funcionan con ciertos públicos: los videojuegos (los jóvenes), la convivencia (personas que han convivido), tener hijos (padres), envejecer (depende del público: si tienen más de cincuenta, no se van a conectar con lo que significa cumplir treinta), irse de vacaciones a Europa, comprar una propiedad. Puede haber diferencias según el país también. Por ejemplo: en Bélgica casi nadie manda audios por *WhatsApp*, y en Argentina lo hace todo el mundo. Entonces un material que habla de eso puede funcionar mucho en un país y no tanto en el otro.

9. 6. 1. EL PERMISO PARA HABLAR DE CIERTAS COSAS

El público solo da permiso para hablar de ciertos temas a ciertos comediantes. Si un comediante no respeta esa regla, el público lo puede percibir como arrogante, creído y — en algunos casos— racista, fascista o machista. Así solo...

~ Los gordos pueden hablar de ser gordos.

~ Los pelados de ser pelados.

~ Los judíos de ser judíos.

~ La gente petisa de ser petisa.

~ Las mujeres de no tener mucho busto.

~ Los hombres de tenerlo chico.

Más allá de que un comediante puede hacer uno o dos chistes aislados sobre estos temas, al público no le gusta cuando hacen toda una rutina desde esa perspectiva. Solo puede funcionar si él se pone en la situación como el ridículo, el que mete la pata.

BURLARSE DE UNA AUTORIDAD

Cuando nos burlamos de alguien, se puede hacer de manera ascendente. Al revés quedás como una persona muy antipática y creída. Es una cuestión de estatus. Así, por ejemplo, un empleador no puede burlarse de sus empleados, pero un empleado sí de su jefe. Un político no se puede burlar de los ciudadanos, pero los ciudadanos sí de los políticos, y así (propietario-inquilino, médico-paciente, policía-ciudadano, maestro-alumno).

Se puede generar un permiso para criticar y burlarse de ciertas personas y/o situaciones. Por ejemplo, si un comediante se pone a criticar a su pareja, puede caer muy antipático. La gente piensa: «¿Por qué está con esta persona si solo la critica?». Pero puede evitarlo aclarando primero que la ama mucho y que de vez en cuando hay algo que no le gusta. ¿A quién no le pasa eso? Lo mismo pasa cuando uno habla de los hijos-padres-amigos, o cuando se pone a criticar un país.

En el mismo sentido, un comediante puede generar el contexto para hacer, por ejemplo, un chiste racista, diciendo que sabe que está mal tener este tipo de pensamientos pero que no lo puede evitar. El público lo acepta, ya que nos puede pasar a todos, y el chiste acaba siendo sobre los pensamientos racistas del comediante.

Ícono del *Stand Up:* Sarah Silverman

Sarah Silverman se anima a hacer humor con lo que supuestamente no se puede: los tabúes. Tres años después de los ataques a las torres gemelas, dijo: "Obviamente, no quiero minimizar los eventos del 11/9". Se imaginan la tensión que se sintió en la pausa que siguió a esta frase. Y después ella obviamente los minimizó, demostró que está dispuesta a menospreciar cualquier cosa. Está claro que ese tipo de chistes ofende a algunos. Es peligroso y a la vez liberador.

Hablar de tabúes siempre tiene como esa sensación de estar bailando sobre una cuerda floja. Muchos comediantes evitan esos temas a cualquier precio y otros los buscan a propósito para generar un efecto. Pocos saben manejarlos con la misma inteligencia que ella.

Sarah Silverman se burla de los hipócritas. Demuestra que la gente en general es mucho menos tolerante de lo que finge ser. Y admitir eso es gracioso. Su primera víctima siempre es ella misma: la eterna adolescente deprimida que siempre sabe todo mejor y una persona muy complicada para tratar. El show *Jesus is Magic* es en parte una película y en parte un show. Se muestra como una estrella de *Stand Up* muy narcisista. Parece que se odia por amarse tanto y al mismo tiempo se ama por tener el coraje de admitirlo.

---

9. 6. 2. LA ACTUALIDAD

El público disfruta mucho los chistes sobre la actualidad porque hablan de algo que está en las noticias, los diarios y —por ende— en sus vidas. La gente aprecia la rapidez del comediante frente a los hechos. Se da cuenta de que el chiste fue escrito hace poco y por eso lo festeja más. Tiene el mismo efecto que un chiste improvisado: uno de nivel intermedio genera la misma risa que uno excelente, preparado.

El gran problema con los chistes de actualidad es que solo funcionan por unos días. Y eso es muy poco tiempo considerando el esfuerzo y el tiempo que requiere escribir un buen chiste. Entonces, no siempre valen la pena, a menos que te paguen para hacerlo (por ejemplo en un programa de radio o televisión). Pero si hacer chistes sobre la actualidad te divierte, ¡hacelo! Nada motiva más que el placer de hacer lo que a uno le gusta.

9. 6. 3. HUMOR NEGRO Y POLÍTICA

Hacer humor negro o político es muy arriesgado porque la gente lo ama o lo odia. Puede haber gente que se muere de risa y al mismo tiempo gente que lo odia, se ofende, se aburre. Por eso, lo recomendable es solo hacer este tipo de humor en un show que aclare que la temática es humor negro o político. Limita la cantidad de gente que irá a ver el show, pero igual son nichos muy interesantes.

9. 6. 4. CÁNCER

El cáncer es el tema más difícil porque cualquier persona tiene a alguien cercano con esa enfermedad. Creo que solo aquellos comediantes que tienen o padecieron cáncer pueden hablar de ello. Y hasta ahí, porque se corre el riesgo de que el público se bajonee igual. El tema del HIV, por ejemplo, también es delicado, pero hoy hay más comediantes que se animan porque ya no es una enfermedad terminal.

9. 6. 5. SOBRE SER COMEDIANTE

Muchos comediantes novatos caen en la tentación de hablar sobre su nueva vida como comediante. Es entendible. Tal vez el *Stand Up* de repente forma una parte importante de tu vida y estás pensando en eso y buscando chistes todo el tiempo, tal vez soñás con vivir de eso. El problema es que al público no le interesa y tampoco sabe cómo es. Para el público, un comediante es gracioso o no lo es. Para ellos, no hay cursos, no se escriben chistes ni se trabaja sobre ellos. Los únicos chistes que funcionan sobre este tema son acerca del hecho de que a los padres no les gusta mucho que quieran vivir del *Stand Up* (como tampoco les gusta que sean actores, cantantes) porque la mayoría de los artistas ganan muy poco y el trabajo es muy inestable.

CAPÍTULO 10

La inspiración

¿Dónde encuentran los comediantes la inspiración para sus chistes? ¿Y qué hacer cuando no se te ocurre nada?

10. 1. ¿CÓMO GENERAR MATERIAL DE *STAND UP*?

10. 1. 1. ESTAR ATENTO Y OBSERVAR

Un comediante es un agudo observador de la sociedad y las cosas cotidianas. Siempre se pregunta por qué las cosas son como son, y por qué se hacen como se hacen.

10. 1. 2. EL ESTADO GRACIOSO

Todos tenemos nuestros momentos de inspiración, y a cada uno le llegan en circunstancias diferentes. Hay que ser consciente de cuáles son para poder buscarlos cuidadosamente y generar ese estado gracioso cuando queramos.

¿Cuándo te aparecieron buenas ideas para chistes? Tratá de recordar en qué momento fue. ¿Dónde estabas? ¿Qué estabas haciendo? ¿Qué veías? ¿Qué escuchabas? ¿Qué sentías? ¿Estabas solo o con gente? ¿Cómo hiciste para no olvidarte de la idea? En general las ideas no llegan cuando uno está sentado detrás de una computadora (aunque puede suceder). Vienen en otro momento. Puede ser en la ducha, viajando en auto o transporte público, antes de dormir o cuando recién te despertás. Después esa idea se trabaja en la computadora o en un bloc de notas.

Probablemente las ideas no vienen mirando el celular (algo que hacemos ahora, cuando antes nos poníamos a pensar, soñar... como en el colectivo, subte, tren), aunque siempre puede haber algo en el celular que te inspire también (como un mensaje, un video).

10. 1. 3. ANOTAR LAS IDEAS EN EL MOMENTO

Cuando se te ocurra una buena idea, ¡anotala en el momento! No esperes ni un minuto más, no importa si estás trabajando, comiendo o teniendo sexo, dejá lo que estés haciendo y anotala, porque si no pueden pasar dos cosas: o te olvidás de una idea potencialmente brillante o te distraés de lo que estás haciendo porque seguís pensando en tu idea.

Recuerdo una vez que llegué al aeropuerto después de un viaje y, cuando salí con mi valija, sentí esa sensación extraña de esperanza de que hubiese alguien ahí, esperándome (más allá de que sabía que no iba a haber nadie). Observé esa idea y la anoté en mi celular. Todavía no era un chiste, solo una idea. Después la trabajé en la computadora y la probé varias veces en el escenario hasta que le encontré la forma.

Decenas de ideas se perdieron pensando: «*A la noche la anoto*». Y cuando llegó la noche, las olvidé.

10. 1. 4. OBLIGARSE A ESCRIBIR

A algunos les encanta escribir y lo hacen con placer todos los días. Es la minoría. La mayoría necesita sentir presión para ponerse a escribir y ser creativo. Entonces hay que buscar la forma de obligarse. Te podés anotar en un *open mic* o en un curso (de *Stand Up* o escritura humorística), o contratar un *coaching* privado, cualquier cosa que te haga sentarte a escribir.

Los profesionales toman la escritura como un trabajo. Fontanarrosa tenía una oficina donde cumplía el horario de 9 a 18 hs. todos los días. Otro ejemplo es el de Seinfeld. Él se obliga a escribir mínimo una hora por día. Se siente detrás de su computadora a las nueve de la mañana y se obliga a no moverse y no ponerse a hacer otra cosa durante una hora. Apaga internet, el celular, y evita distracciones en general.

COMEDY BUDDY

Para escribir material de *Stand Up*, también es muy recomendable trabajar con un compañero/a de ruta o, como dicen en inglés, un *Comedy Buddy*. Está bueno tener a alguien con quien intercambiar ideas. Así vas a llegar mucho más preparado a un show u *open mic* y le vas a sacar más provecho. Tal vez no tanto por la parte graciosa (o sea, el remate), porque una persona sola no puede juzgar si algo es gracioso o no (no representa a todo un público), pero por lo menos te puede decir si la premisa y el pie son claros (si el chiste se entiende). Eso ya es mucho.

Hay que tener en claro que decir un chiste para una persona es muy diferente a decir un chiste en un show de *Stand Up* armado para eso y con un público de verdad (digamos mínimo quince personas). Se tiene que generar un clima para que un chiste brille. También recomiendo elegir con cuidado a tu *Comedy Buddy*, porque hay gente que te hace sentir más gracioso (bienvenido), pero también hay otros que logran todo lo contrario, que critican de manera poco constructiva y te sacan toda la confianza. Lo mejor es buscar a alguien que haga *Stand Up* también (y no un amigo o familiar que no está en el tema) para que se ayuden a pensar y mejorar sus materiales. Si la otra persona no sabe de *Stand Up*, no tiene idea de lo difícil que es y no entiende el proceso de escribir un chiste, puede resultar muy frustrante. Si no se te ocurre nadie, seguro podrás encontrar a otro comediante que esté en la misma situación que vos en algún *open mic*.

Se puede tomar el término *Comedy Buddy* en el sentido amplio. No tiene que ser alguien fijo, cualquiera te puede dar un buen consejo. Pasará mucho que otros comediantes te hagan sugerencias sobre cómo mejorar tu material (con y sin que lo pidas). Algunos consejos te servirán, otros no. Cuando yo arranqué en el circuito, a algunos de mis mejores remates me los regalaron comediantes más experimentados.

10. 1. 5. ESCRIBIR TODOS LOS DÍAS

La ventaja de escribir todos los días es que tus ideas siguen dando vuelta en tu cabeza, se mantienen activas (en un proceso inconsciente). Cuando volvés a escribir al otro día, se te ocurren más cosas. Además el sueño nos hace procesar y ordenar las ideas. Por eso es mejor escribir diez minutos todos los días que una hora cada tanto. Este ritmo también nos permite encontrar diferentes ángulos, puntos de vistas, ideas sobre lo mismo. Si nos enfocamos demasiado tiempo en lo mismo, no surgen ideas nuevas.

10. 1. 6. LA BÚSQUEDA

Se puede hacer una búsqueda consciente de material, por ejemplo, en *Google*. Si sabés sobre qué hablar, podés buscar comentarios y experiencias sobre el tema que pueden inspirarte para un chiste.

¡No se puede robar chistes de otros comediantes! Pero sí se puede mirar a otros comediantes, ver sobre qué hablan y preguntarte: «¿qué me pasa a mí con ese tema?».

También se puede buscar en la experiencia propia, en el pasado, teniendo en cuenta que el humor sale de los momentos difíciles: dolor, vergüenza, incomodidad. ¿Cuáles fueron estos momentos en tu vida?

Más abajo (10. 1. 8.) vas a encontrar una serie de preguntas que pueden ayudarte a escribir material.

10. 1. 7. *MIND MAPPING*

Esta es una muy buena metodología para crear una rutina de *Stand Up* a partir de una palabra o una idea. Te permite mirar las cosas con otra perspectiva, potencia la imaginación, la asociación, la visualización de las ideas y canaliza la creatividad. Recomiendo investigarla más en profundidad. Acá me limito a decir que puede ser muy útil para desarrollar rutinas de *Stand Up*. Se escribe el tema en el medio de la hoja y alrededor se anotan todos los conceptos, ideas, palabras y frases que aparecen en la cabeza en relación a ese tema.

Es especialmente eficaz para construir una rutina de *mix*. Tomemos la rutina de Eddie Izzard *La cantina de la Estrella de la Muerte*. En una columna se ponen todas las ideas, frases que tienen que ver con Darth Vader ("soy el maestro del universo", "te puedo matar con el pensamiento") y en la otra columna todo lo que tiene que ver con ser empleado en una cantina (tiene que buscar una bandeja, usar uniforme, explicar cómo funciona todo). Una vez terminado eso, se busca cómo combinar los elementos de cada columna.

El *Mind Mapping* también es muy interesante para generar material de comparación. Dady Brieva habla de los padres de antes y los de hoy. Encuentra temas como el rol del padre, el orden en las comidas (quién se come lo más rico), las vacaciones, las discusiones entre padres… y se pregunta cómo era antes cada tema y cómo es ahora.

10. 1. 8. PREGUNTAS DE AYUDA

Acá, una serie de preguntas para ayudarte a generar más material de *Stand Up*.

ACTITUDES BÁSICAS

Para generar material, se puede elegir cualquier tema, y preguntarte qué te pasa, aplicándole las actitudes básicas:

~ Odio...

~ Qué raro...

~ Me molesta...

~ Me da miedo...

~ Es difícil...

~ Es estúpido...

~ Me da vergüenza...

~ Me incomoda...

~ Lo que me parece ridículo...

~ Me parece muy aburrido...

~ Lo que me parece absurdo...

~ Es hipócrita que...

~ No entiendo...

~ Lo que me parece horrible...

PREGUNTAS CONCRETAS

Las siguientes preguntas te pueden ayudar a encontrar material. Obviamente no todas las preguntas se aplicarán a tu vida. Solo fijate si alguna te sirve.

Tu nombre y apodo

~ ¿No te gusta tu nombre? ¿Por qué?

~ Si no te gusta tu nombre, ¿te preguntaste por qué tus padres lo eligieron?

~ ¿Tenés un apodo? Si no te gusta, contanos por qué.

~ ¿Odiás que la gente te ponga apodos? ¿Por qué y de quién lo odiás más?

Trabajo (actual o anterior)

~ ¿Qué es lo que más te molesta de tu trabajo?

~ ¿Por qué odiás a tu jefe?

~ ¿Cuáles son los clientes más idiotas y por qué?

~ ¿Por qué no te gusta trabajar?

~ ¿Cuáles son las preguntas más estúpidas que hacen los clientes?

~ ¿Por qué salir con un colega es tan incómodo?

~ ¿Tu empresa tiene un producto muy malo? Contanos.

~ ¿Por qué no cambiás de trabajo? ¿De qué tenés miedo?

~ ¿Tu trabajo es muy repetitivo? Contanos en qué consiste exactamente.

Buscar trabajo

~ ¿Por qué es tan difícil buscar trabajo?

~ ¿Qué te molesta de las entrevistas de trabajo?

~ ¿Cuál es la pregunta más estúpida que te hicieron en una entrevista de trabajo?

~ ¿Alguna vez llegaste tarde a una entrevista de trabajo? ¿Qué pasó?

Relación sentimental

~ ¿Qué es lo difícil de ser soltero/a, estar en pareja, convivir, estar casado, ser viudo/a?

~ ¿Qué te molesta de los hombres?

~ ¿Qué te molesta de las mujeres?

~ ¿Qué es lo que más extrañás de estar en pareja/ser soltero?

~ ¿Qué odiás que te pregunte la gente cuando estás soltero/en pareja?

~ ¿Tenés miedo de la convivencia/soltería/casamiento/matrimonio? ¿Por qué?

~ ¿Tenés miedo del divorcio? ¿Por qué?

~ ¿Qué es lo más difícil de divorciarse?

Sexo

~ ¿Qué es el mal sexo para vos?

~ ¿Qué te hace sentir incómodo/a en el sexo?

~ ¿Qué fue lo más zarpado que te pidieron en el sexo?

~ ¿Qué es lo más frustrante en el sexo?

~ ¿Cuándo sentís vergüenza en el sexo?

~ Si fueras Dios, ¿qué cambiarías en la anatomía de las personas?

Conocer gente

~ ¿Por qué es tan difícil conocer gente?

~ ¿Te da miedo conocer gente, por qué?

~ ¿Te da miedo ir a una fiesta y no conocer a nadie?

~ ¿Qué te molesta de tus amigos/as?

~ ¿Hay algo de tus amigos que te da vergüenza?

Familia

~ ¿Tenés hijos? ¿Qué es lo que más te molesta de tus hijos?

~ ¿Te gustaría tener hijos pero hay alguna razón por la cual no podés?

~ ¿Tenés hermanos? ¿Sos hijo único, el menor, el mayor? ¿Está bueno o no tanto?

~ ¿Cómo te llevás con tus padres?

Terapia

~ ¿Hacés terapia? ¿Por qué?

~ ¿Por qué no creés en la terapia?

~ ¿Qué tienen los psicólogos de particular?

~ ¿Sentís que la terapia no te ayuda pero por alguna razón vas igual?

Supermercado (chino) / Farmacity

~ ¿Qué te parece raro de tu supermercado/farmacia?

~ ¿Qué te llama la atención de los empleados del supermercado?

~ ¿Odiás ir al supermercado? ¿Por qué?

~ ¿Qué tendrían que hacer de diferente en el supermercado?

Qué pasaría si...

~ Alguien (famoso) del pasado viviese hoy...

~ No se hubiese inventado cierto objeto...

~ Te encontrases al amor de tu vida...

~ Messi hubiese sido español...

~ Pudieras hacerle un llamado a Dios... ¿Qué le preguntarías?

~ No existiese Facebook...

~ No hubiese racismo...

10. 2. CÓMO MANEJAR EL BLOQUEO EN LA ESCRITURA

Los bloqueos en la escritura son normales: pasan y volverán a pasar. Lo mejor es dejar de escribir por un rato, enfocarse en otra cosa y retomar más tarde. No conviene trabajar demasiado tiempo seguido en el mismo material porque si no, ya no le vemos la gracia nosotros mismos. A veces está bueno dejar un chiste de lado por una semana o incluso un mes. Cuando lo volvés a leer después de un tiempo y te provoca una sonrisa, llegó el momento de probarlo con un público (que decidirá si el chiste es gracioso o no).

En la primera fase de escritura es muy importante no reprimirse y dar rienda suelta a la imaginación. Hay que evitar ser demasiado exigente cuando recién estamos bajando las ideas a un papel (o a la computadora). A veces queremos que lo gracioso salga ya: todavía no terminamos de anotar una idea y ya estamos analizando si tiene potencial gracioso o no. Dejá que fluya y escribí todo lo que puedas. Si comenzamos a analizar demasiado pronto, rompemos el flujo de inspiración. Es como correr una carrera y mirar hacia atrás cada diez segundos para ver cómo te está yendo. Podrás examinarlo más adelante, por ahora dejá que fluya.

Una vez que sientas que hayas puesto tus ideas en papel, recién ahí se puede analizar si hay potencial gracioso o no. Ese es el momento para tachar.

CAPÍTULO 11

¿Cómo se arma un monólogo?

11. 1. ¿CÓMO ORDENAR UN MONÓLOGO DE *STAND UP*?

El orden del monólogo es muy importante para captar la atención del público y para mantenerla.

Cuando juntamos los chistes sobre un mismo tema, formamos una rutina. Muchas veces tenemos chistes con el mismo tema y hasta la misma premisa, y el mismo pie. Nos conviene juntarlos para ahorrar palabras y no cansar al público. Cuando saltamos muy rápido de un tema al otro, el público se tiene que concentrar mucho.

Hay chistes que se potencian entre sí, y al revés. Conviene probar cuáles van bien juntos y cuáles se tienen que alejar entre ellos. Sugiero probar diferentes órdenes hasta encontrar la mejor secuencia. Se puede tener una idea de cuál es la mejor pero acá también el público decide.

Hay diferentes criterios para tener en cuenta a la hora de decidir el orden de los chistes, según la calidad y el contenido del material.

11. 1. 1. SEGÚN LA CALIDAD DEL MATERIAL

Hay que abrir y cerrar con los mejores chistes. Al principio para ganar la confianza del público y al final para que los espectadores se vayan con la mejor sensación posible, y con ganas de volver.

Un monólogo se ordena de la siguiente forma matemática: 1-3-5-4-2. El 1 sería el mejor chiste y el 2 el segundo mejor chiste. En el medio conviene ir intercalando material efectivo con material menos efectivo. Los números pueden representar un chiste o un bloque de material porque no siempre es posible ordenar los chistes individualmente.

Lo mejor es no tener momentos flojos, pero siempre hay partes que generan más risas que otras.

11. 1. 2. SEGÚN EL CONTENIDO DEL MATERIAL

Como ya vimos anteriormente, primero hay que hacer material de presentación para comenzar a generar un vínculo con el público. Después, se puede hablar de cualquier cosa y conviene siempre dejar el material más íntimo, zarpado o picante para el final.

Para hacer material arriesgado, tiene que haber confianza entre comediante y público. De lo contrario, se puede perder al público, aunque los chistes sean excelentes. Entonces, no hay que arrancar un monólogo hablando de temas controversiales y arriesgados como por ejemplo el holocausto, el aborto o tus posiciones sexuales favoritas. Existe la trampa de hacerlo porque sorprende, y tal vez se pueda obtener una risa (especialmente si hasta este momento ningún comediante se atrevió a lo mismo).

La pregunta es: "¿Cómo seguir después?". Para sorprender al público, habrá que zarparse cada vez más. Tal vez se pueda lograr con un monólogo potente de cinco minutos, pero más largo sería complicado.

11. 2. USAR MÚSICA

Introducir música siempre es una buena idea. La música genera mucho clima y puede cortar con la monotonía de un monólogo, especialmente cuando el comediante hace un unipersonal.

Cuando usás música, tenés que mantener el mismo ritmo de remates que en el monólogo. No sirve tener solo un remate al final de una canción (o sea después de dos, tres minutos), porque así parece que estás usando la música para llenar el vacío porque te quedaste sin chistes. Lo importante de introducir música al show es que tenga un valor agregado. Tiene que volver tu rutina más graciosa. Si no es así, la música solo es un peso y genera distracción. Hay que tener en cuenta que poner música casi siempre genera un corte por más que esté hablado con el sonidista, especialmente cuando no es un show fijo y no hubo posibilidad de ensayar (lo que generalmente sucede con el *Stand Up*).

Si sabés tocar un instrumento o cantar, mejor. Si no, también se puede poner una canción y comentar sobre ella (lo hacen muchos comediantes con las letras del cantante Arjona, por ejemplo). Puede convenir cantar a capela, así interrumpe menos. Si lográs armar una canción pegadiza, es genial. La gente se va a ir cantándola y quedará grabada en sus mentes (y ojalá tu imagen también).

Ejemplos de comediantes que mezclan música con humor: Andrés Ini, Brian Rullansky, Elías Locura y Ricardo Bisignano (Argentina), Bo Burnham y Zach Galifianakis (EE.UU.).

11. 3. USAR ACCESORIOS Y TECNOLOGÍA

Cuando usás accesorios en el escenario (como dibujos, objetos) vale lo mismo que para la música: tiene que dar un valor agregado. Usarlos tiene que ser más gracioso que no usarlos. De lo contrario, confunden y frenan el show.

Es igual para la tecnología (una presentación de *PowerPoint* o un video, por ejemplo). Más allá de que puede parecer muy atractivo, solo hay que usarla cuando genera un plus.

Ejemplos de comediantes que usan accesorios de forma muy eficaz: Demetri Martin y Steve Martin (EE.UU.). Tecnología: Pablo Molinari (Argentina) y Ricky Gervais (Reino Unido).

CAPÍTULO 12

Preparar la actuación

12. 1. INTRODUCCIÓN

Lo más lindo del *Stand Up* es actuar en vivo. Para poder disfrutar al máximo de tu tiempo en el escenario, tenés que prepararte bien: primero, escribiendo chistes potentes, y segundo ensayándolos bien.

12. 2. ENSAYAR

Ensayar es muy importante. En primer lugar, para incorporar bien el texto. Cuando un comediante conoce bien el texto, puede estar más presente en el escenario, conectarse con el público y poner más atención en la actuación en sí misma: *actings*, estado de ánimo, sonrisa, voz, cuerpo.

A la mayoría de los comediantes no les gusta ensayar porque es aburrido y solitario, pero como dice Seinfeld: "Es parte del trabajo de ser comediante y hay que hacerlo".

Ensayar tiene más beneficios:

~ Ayuda mucho a bajar el miedo y la ansiedad antes de subir al escenario.

~ Es una parte fundamental del proceso de pulido de chistes porque ayuda y permite encontrar la forma más natural para decirlos.

Algunos dicen que no hay que ensayar los chistes palabra por palabra porque pareciese que estuvieses recitando un texto memorizado. Creo lo contrario: hay que memorizar tanto los chistes hasta que no parezca que se están diciendo de memoria. Además, los chistes se escriben de tal forma que ninguna palabra esté de más y son estructurados para generar el mayor efecto. Entonces, se tienen que decir de la forma que se escribieron y no agregar palabras de más.

Los comediantes que dicen que no hace falta aprenderse el monólogo palabra por palabra, terminan haciéndolo siempre de la misma forma (con excepción de algunas palabras que pueden variar según el público). Parece que ensayan en el escenario.

12. 2. 1. ¿CÓMO ENSAYAR?

Hay que ensayar el monólogo igual a como se hará en el escenario: en voz alta, como una charla entre amigos y con la comunicación alegre (veremos estos aspectos más en detalle en el CAPÍTULO 14: LA ACTUACIÓN).

Es importante ensayar en voz alta porque si decimos el texto para adentro, da la sensación de haberlo memorizado, aunque muchas veces no sea así. Para las expresiones (tanto de la cara como del resto del cuerpo), recomiendo ensayar sintiendo la emoción que está detrás del chiste y no tratar de actuar la emoción. No ensayés delante de un espejo ni grabándote, especialmente si no sos actor, porque se vuelve muy complejo. Es tu material y lo escribiste porque algo te motivó. Intentá volver a sentir esa motivación y emoción cada vez que lo actúes. Ahora, para actuar algún movimiento específico, como una acción (abrir una puerta, hablar por teléfono, abrazar a alguien), sí puede ser interesante grabarse o mirarse en el espejo para ver si está bien hecho.

Lo más efectivo es dividir los ensayos en varias sesiones, en varios días. Primero, porque a nadie le gusta ensayar y así se hace más ligero. Y segundo, porque una noche de sueño hace que el cerebro vaya procesando lo aprendido. Conocemos mejor el texto cuando nos levantamos que cuando nos fuimos a dormir la noche anterior. Una siesta también puede hacer maravillas.

No es buena idea comenzar a aprender la letra el mismo día de la función porque genera muchos nervios y el cerebro no lo termina de incorporar. Algunos necesitan sentir la presión del show que se acerca para obligarse a ensayar. A ellos seguramente les irá mucho mejor en la segunda función. A algunos les funciona ensayar justo antes de subir al escenario y a otros los nervios se lo dificultan demasiado. Si no te sale ensayar antes de actuar, no lo hagas porque eso potencia tus nervios. En este caso puede ser mejor concentrarse en estar presente en el show. Cada uno tiene que encontrar su forma.

A mí me funciona mucho ensayar los primeros dos, tres chistes antes de mi actuación. El principio del monólogo siempre es lo más difícil y los nervios pueden hacer que nos quedemos en blanco, aunque hayamos ensayado un montón. Por eso es importante que los primeros chistes salgan sin pensarlo. Cuando la gente comienza a reírse, nos relajamos y el resto sale solo.

12. 3. ¿CÓMO NO OLVIDARSE DEL TEXTO? Y ¿QUÉ HACER SI ESO PASA?

Olvidarse del texto es un miedo recurrente en cualquier persona que se para delante de un público. Es más, muchas personas tienen pesadillas con quedarse boca abierta en esta situación.

¿QUÉ PODEMOS HACER PARA NO OLVIDARNOS LA LETRA?

Ensayar

Ya lo vimos, lo primero y fundamental es ensayar mucho.

Un machete

Recomiendo llevar una ayuda memoria en el bolsillo o pegarla en el piso del escenario. Yo llevé un machete a los primeros cincuenta shows que hice. Creo que solo lo tuve que sacar una vez, pero me tranquilizaba mucho saber que lo tenía encima. Conviene anotar no más de una palabra por chiste porque, de lo contrario, uno se pierde buscando la información que necesita.

Cuando se usa el machete, lo mejor es hacer un chiste con eso (sobre la falta de memoria o los nervios). Si pasa al principio de tu monólogo, va a ser más gracioso todavía porque para el público es absurdo que ni te acuerdes de tus primeras líneas. Con la humildad y la autocrítica, ganás la simpatía del público. Muchos comediantes anotan sus chistes en el celular, pero lleva más tiempo encontrar los chistes en un celular que en una hoja y esto le quita ritmo a la actuación. No lo recomiendo.

Interactuar o quedarse en silencio

También se puede interactuar hasta que vuelva la memoria, o quedarse en silencio y mirar al público. Si el comediante lo toma como algo natural, el público también lo va a tomar así.

Simplemente, hay que estar presente en el momento, tratar de relajarse y esperar a que el texto venga solo. El silencio genera tensión y hace que los espectadores se rían más con el próximo

12. 4. VESTIRSE PARA ACTUAR

El escenario tiene algo sagrado y místico. Es un show, una noche de salida y de festejo para el público, y lo protagoniza el comediante. Entonces un comediante tiene que prestar atención a su ropa. No está haciendo compras en el supermercado. La ropa debe estar limpia y ser medianamente neutra. Por ejemplo, puede ser un jean y una remera lisa.

Hay que proyectar una imagen que corresponda con el monólogo. Lo importante es que el público escuche y que no esté pensando en la vestimenta del cómico. La ropa del comediante tiene que ser lo último en lo que piensa el público.

También es importante que la ropa sea cómoda para que no impida hacer *actings* o movimientos cuando haga falta y para que el comediante no esté preocupado por ello.

Conviene que el público no vea ninguna mancha de transpiración. No hay que olvidarse que los nervios y las luces en el escenario dan mucho calor. El negro es el color que menos delata las manchas en las axilas. Recomiendo llevarte una remera o camisa extra si transpirás mucho.

Claramente, si va con tu personalidad escénica, podrás exagerar con ropa particular (accesorios, colores, objetos).

12. 5. EL ESTADO GRACIOSO

Todos tenemos un momento en el que somos más divertidos, más juguetones. Puede ser que no te haya pasado en mucho tiempo, pero te pasó. Al comediante le conviene estar en ese modo en el escenario. Para eso tiene que salir del piloto automático, de esta obsesión de hacer cosas todo el tiempo, y tiene que estar presente en el momento, atento a lo que pasa a su alrededor y querer jugar con eso. Cada uno tiene su forma. Hay que preguntarse qué pasó, cuándo entraste en ese estado las veces anteriores. Existen juegos que nos ponen de buen humor (las adivinanzas funcionan mucho). Ellen DeGeneres, antes de hacer su programa en televisión, siempre hace el juego de tirar su goma de mascar al aire y tratar de atraparla con la boca. Comenzó como un juego las primeras veces pero lo transformó en un ritual. Otros métodos que funcionan mucho son mover el cuerpo, bailar o cantar. Todas estas actividades generan muchas endorfinas.

12. 6. ¿QUÉ HACER JUSTO ANTES DE LA ACTUACIÓN?

Antes de subir al escenario, conviene prestar atención al show: sentir el clima, ver cómo está compuesto el público (edades, sexos, qué los hace reír), escuchar la interacción de los demás comediantes con el público (para no preguntar las mismas cosas después y usar esa información) y su material (para no hablar de lo mismo).

Si estás muy nervioso (y querés ensayar), te conviene ir a un lugar donde nadie te vea ni te escuche. El público puede perder confianza en un comediante si lo ve nervioso antes de subir al escenario.

12. 7. EL USO DEL MICRÓFONO

Parece ser algo poco importante, pero saber qué hacer con un pie de micrófono muestra profesionalismo y genera confianza en el público. La mayoría de los comediantes no usan el pie. Igual, vamos a ver todas las situaciones.

¿QUÉ HACER CON EL PIE DEL MICRÓFONO CUANDO NO ESTÁ A LA ALTURA ADECUADA?

Cuando no está a la altura de la boca (casi siempre será así), hay que ajustarlo. Si el comediante no logra hacerlo de manera rápida y eficaz, el público perderá la confianza en él antes de que haya arrancado con el monólogo. Por eso, antes del show, hay que probar el pie. Casi todos son iguales, pero con pequeñas diferencias.

Si en el show no se logra ajustarlo, lo mejor es burlarse de uno mismo. Y conviene actuar sin el pie porque no tiene ningún sentido dejarlo a una altura inadecuada. El público no escuchará bien el monólogo y se distraerá pensando en eso. Hay que aprender a actuar con y sin pie, porque a veces simplemente no hay uno.

¿QUÉ HACER CON EL PIE DEL MICRÓFONO SI NO SE USA?

Hay que dejarlo en un lugar que no obstruya la vista del público (para que no distraiga), puede ser a un costado. Muchos comediantes novatos sacan el micrófono, dejan el pie donde está y hacen su monólogo detrás o caminando alrededor del pie. ¡Queda raro!

Tampoco hay que llevarlo muy lejos porque puede generar un tiempo muerto tanto en el momento de alejarlo como cuando hay que volver a buscarlo porque se necesita.

Algunos comediantes sacan y ponen el micrófono varias veces durante su actuación, según lo que conviene para cada chiste. Cuando se hace, lo mejor es seguir hablando de forma natural para adaptar la situación y evitar un silencio incómodo. Puede requerir algo de práctica.

¿QUÉ HACER CUANDO EL COMEDIANTE SIGUIENTE TAMPOCO USA EL PIE?

En este caso, conviene darle el micrófono en la mano. Algunos dicen que siempre hay que dejarlo en el pie, pero queda un poco ridículo que un comediante que no lo usa, al final de su rutina, lo deje en el pie y lo primero que haga el siguiente sea sacarlo.

¿QUÉ HACER SI EL PRESENTADOR NO TE DEJA EL MICRÓFONO EN EL PIE?

Puede suceder que tenías pensado arrancar tu monólogo con el micrófono en el pie pero el presentador te lo da en la mano. Solo buscalo si realmente es fundamental para tu actuación. ¡No actúes como si el público no estuviera! Por ahí no conviene hablar aún (para no quemar tu persona escénica), pero por lo menos hay que mirarlo.

Muchos comediantes novatos no dejan de jugar con el cable del micrófono (más que nada por nervios): lo agarran, lo estiran, lo doblan... distrae mucho. Con una mano se agarra el micrófono (con el cable suelto, colgando) y con la otra gesticulamos. Es aconsejable hacerlo de esta forma desde el principio porque después se convierte en manía y puede ser muy difícil dejar de hacerlo. Otra razón para no hacerlo es porque tirando y doblando el cable se puede romper por dentro y se pierde la conexión. No hay forma de repararlo. Quienes hayan contratado al comediante tendrán que comprar un cable nuevo, por lo cual obviamente no estarán muy felices.

CAPÍTULO 13

El miedo de subir al escenario

13. 1. TODOS TENEMOS MIEDO

Todos tenemos miedo y nos ponemos nerviosos antes de subir al escenario. Con el tiempo y la experiencia, va disminuyendo pero nunca desaparece del todo. Entonces lo mejor es aceptar y abrazar el miedo y los nervios porque siempre van a estar. Tratar de luchar contra ellos solo los potencia.

Tener miedo de hablar en público es lo más normal del mundo. ¡Hay gente que le teme más a hablar en público que a la muerte! Y eso es solo para hablar, ni siquiera para hacer reír. El lema de todos los comediantes tiene que ser: "¡Tengo miedo pero lo hago igual!".

Acá vale mencionar al comediante estadounidense Mitch Hedberg. Él siempre sufrió de pánico escénico. A veces cerraba sus ojos mientras actuaba. Es más, muchas veces usaba anteojos de sol y tenía el pelo sobre los ojos, hasta se ponía de espaldas al público, de a ratos. Tenía miedo pero lo hacía igual. Su forma poco convencional de actuar y la forma de hablar y decir los chistes contribuyeron a su estilo único, que muchos trataron de copiar después de él.

13. 2. LA FUNCIÓN POSITIVA DEL MIEDO

Para manejar el miedo colabora saber en qué te ayuda. Es útil porque ¡te hace rendir mejor! El miedo ayuda a enfocarse en la tarea, estar concentrado al cien por ciento, presente en el momento y atento a todo lo que pase alrededor. Y ese sentimiento de estar presente en el momento es una de las razones por las que disfrutamos tanto hacer *Stand Up*, junto con la adrenalina de hacer algo arriesgado que puede salir genial o pésimo.

Si tuvieras aseguradas las risas... ¿Qué pasaría? Subirías al escenario sabiendo que se van a reír y en qué momento. ¿Cuánto tiempo pasará antes de que te aburras? Muy poco. Hacer reír se volvería algo previsible y es eso justamente lo que no les gusta a los comediantes: la rutina. Necesitan adrenalina para sentirse vivos. ¿Está mal? Nada es bueno o malo en sí. Mientras no hagas daño a nadie, y además lo transformes en algo creativo, está genial.

En general los comediantes más miedosos son los que más hacen reír porque están muy preocupados por la reacción del público y les interesa mucho lo que piensan de ellos. Tal vez sea una desventaja en la vida cotidiana, pero en el escenario es una calidad. La gente a quien le importa poco cómo la pasa el público no registra sus reacciones, está en su propio mundo y solo le preocupa su propia diversión. No quiere decir que solo hay que hacer cosas que diviertan al público. Un comediante tiene que encontrar material que los divierta al público y a él al mismo tiempo.

13. 3. RELATIVIZAR PARA REDUCIR EL MIEDO

El miedo se reduce entendiendo y sabiendo que:

~ Para hacer *Stand Up* se necesita coraje. Si no tuvieras miedo, no necesitarías coraje.

~ Con cada función el miedo va disminuyendo. Puede volver a subir un poco después de una mala función, pero a la largo, baja (yo tuve miedo una semana antes de subir por primera vez a un escenario. No podía pensar en otra cosa, no podía trabajar, no funcionaba. Fui un caso extremo, pero hoy en día solo me pongo nervioso dos minutos antes de subir).

~ Si te va mal, te conviene mantener la calma, la vida sigue igual. Pensá que aunque hayas actuado para una sala llena, no es nada comparado a la gente que te irá a ver durante toda tu carrera. Fijate por qué falló y te irá mejor la próxima.

~ El miedo y los nervios pueden ser positivos: pueden ser el tema de los primeros chistes.

~ Los nervios dan energía. Tal vez no puedas dormir la noche anterior a tu primer show y pensarás en mil cosas, pero no sentirás cansancio hasta después del show.

~ La mayoría de tus nervios no se perciben (aunque sea difícil de creer). El público no puede ver las mariposas en tu estómago. No pueden ver tus manos transpiradas. Si te preocupa que se te vea la transpiración en las axilas, podés usar un pulóver o saco. Si tus manos tiemblan, podés agarrar el pie del micrófono. Lo único que el público ve es excitación, comunicación alegre. Y si te tiembla la voz, lo mejor es hacer chistes con eso.

~ Tu rol como comediante es entretener y no ser perfecto. Podés lograr risas cuando tus chistes funcionan y también cuando no funcionan. No dejés que la exigencia te impida subirte al escenario y cumplir tus sueños.

13. 4. CONSEJOS PRÁCTICOS PARA REDUCIR EL MIEDO

Para manejar el miedo, ayuda:

~ Respirar profundo.

~ Poner el cuerpo en una posición erguida para sentir seguridad y decir frases de confianza (tipo mantras) para que el cuerpo se levante. El cuerpo sigue a la mente y la mente sigue al cuerpo.

~ Preguntarte: «*¿Qué es lo peor que me puede pasar?*». Lo peor que te puede pasar es que nadie se ría... ¡Aceptalo! Te va a pasar y te va a seguir pasando. Les sigue pasando a los mejores comediantes (obviamente, bastante menos), entonces ¿cómo no te va a pasar a vos?

~ Tener un plan si va mal. Saber que tu vida va a seguir igual. ¿Qué vas a hacer si te va mal? Subir otra vez y probar nuevamente. Está el famoso video de Michael Jordan que explica cuántos tiros falló en su carrera: miles. El fracaso es parte del éxito. Es así en deportes y en la comedia, y en la vida.

~ Enfocarte en el público y lo que tenés para decir en lugar de concentrarte en vos mismo y tus nervios. Lo disfrutarás mucho más. El cerebro no puede pensar en todo al mismo tiempo así que obligalo a enfocarse en lo que tenés para decir. Cuando estás demasiado focalizado en vos mismo, el público lo sentirá y habrá desconexión.

CAPÍTULO 14

La actuación

14. 1. EL COMIENZO DE LA ACTUACIÓN

La actuación arranca a partir del momento en el que el público ve al comediante y no cuando este tiene el micrófono en la mano. Muchos comediantes novatos suben al escenario y se dirigen hacia el micrófono como si fueran Usain Bolt, ignorando por completo al público. Es un error.

¿QUÉ HACER EN EL TRAYECTO ENTRE SUBIR AL ESCENARIO Y LLEGAR AL MICRÓFONO?

El comediante tiene que hacer contacto con el público lo antes posible. Es raro para los espectadores cuando un comediante actúa como si ellos no estuvieran. Entonces, hay que hacer contacto visual y también, aunque no sea tan necesario, se puede saludar o gritar algo (si tenés una voz potente o si la sala es chica). Hacer contacto desde el principio también evita que el público se ponga a pensar en otra cosa, a mirar sus celulares, a hablar entre ellos.

Hay que aprovechar el envión de la música y del hecho de aparecer en el escenario. La gente siempre está contenta de ver una cara nueva en el escenario, ya sea porque le fue bien al comediante anterior y siguen en esta energía, o porque no le fue tan bien al anterior y renuevan sus esperanzas. No dejés que baje la energía ignorando al público.

14. 1. 1. ¿SE PUEDE BAILAR?

Algunos comediantes bailan antes de comenzar su monólogo. Está bueno, siempre y cuando sea parte de la rutina. ¡O sea, tiene que generar una risa! Puede ser por el baile en sí o por un comentario después de la *performance*. Bailar por bailar es raro. No importa si bailás bien o mal. Es un show de *Stand Up*: la gente pagó una entrada para reír, no para ver un baile.

Parece que algunos lo hacen porque no saben cómo comportarse mientras la gente aplaude. Hay que bancarse los aplausos y mirar al público. También es así al final del show: no se puede salir corriendo. Hay que saber recibir los aplausos.

14. 1. 2. GARANTIZAR UNA RISA EN EL PRIMER CHISTE

Como ya aclaramos antes, es muy importante generar una risa en el primer chiste, tanto para el público como para el comediante. Ambos se tranquilizan y se relajan. Por eso es fundamental arrancar con uno de tus mejores chistes. Lo ideal es que tu primer chiste funcione. Pero si no es así, el público también se puede reír con un remate salvador diciendo simplemente: "Sí, este chiste no es gracioso". En el 99% de los casos el público se va a reír. Conviene ensayar el monólogo con eso (obviamente si la gente se ríe, no se dice en el escenario).

14. 2. LA FORMA DE ACTUAR *STAND UP*

La forma de decir las cosas es muy importante en el humor. Muchas veces decimos de un comediante: "No es tanto lo que dice sino cómo lo dice". Y eso tiene que ver con la actuación.

El *Stand Up* tiene la forma de una charla entre amigos. Al público tenés que hablarle como si estuvieras contando una anécdota a tus amigos: relajado y distendido. No es teatro ni televisión. El comediante está en vivo con la gente delante de él. Hay que mirarla a los ojos y hablarle directamente, de forma natural. Si no, el público siente que el comediante solo viene a recitar su texto y no hay conexión. Pierde interés y baja la atención. Parece fácil pero no lo es, porque el escenario no es un ambiente natural para nadie al principio. Significa pararse en un lugar más alto, delante de un público desconocido y tratar de hacerlos reír. Por eso es tan importante actuar mucho, subir la mayor cantidad de veces que se pueda al escenario para que se vuelva parte tuya. El tiempo y la experiencia en él nos hacen sentir cada vez más cómodos allí arriba.

A veces un/a comediante puede lograr risas sin conexión, pero poco después del show el público se habrá olvidado de él/ella.

14. 2. 1. LA COMUNICACIÓN ALEGRE

La comunicación alegre es el aspecto más importante de la actuación en el *Stand Up*. La vida de un comediante puede estar llena de angustia, pero no sufre en el escenario. En ese momento está feliz de poder hablar de sus problemas. Es como cuando algo malo te pasa en la vida y no podés esperar hasta llamar a alguien y decirle: "¡No vas a creer lo que me pasó recién!". Sin eso, no importará mucho la calidad del material ya que la actuación siempre será tibia.

Cuando un comediante habla sobre lo deprimido o lo enojado que está, el público no lo ve en ese estado, ve que cuenta eso con entusiasmo y alegría. Comunicación alegre no significa que el comediante sea alegre, porque un comediante alegre es una contradicción. Significa que el comediante es feliz de tener la oportunidad de hablarle al público sobre sus problemas.

El estado de ánimo del comediante es contagioso. El público siente lo que siente el comediante. Cuando un comediante está alegre, el público se pone alegre, y al revés. Entonces para que el público la pase bien en un show, el comediante la tiene que pasar bien en el escenario. Es lo que tienen las artes escénicas. Es como cuando mirás una película, podés llorar o explotar de risa, aunque veinte minutos antes tu estado de ánimo haya sido totalmente diferente.

Si el público siente que el comediante sufre lo que está contando, se pone incómodo y sufre con él. Eso no significa que el comediante no pueda mostrar emociones consideradas negativas, como el enojo, la vergüenza, el miedo. Se mete dentro de ellas para demostrar un momento o una situación, y lo hace de forma controlada: entra y sale cuando quiere (en general en los *actings*).

Si al principio los nervios no te permiten disfrutar de estar en el escenario, ¡hay que fingirlo!

Por último, comunicación alegre no significa que el comediante se ríe de sus propios chistes. Esto en general no queda bien, aunque hay excepciones.

14. 2. 2. RITMOS Y PAUSAS

Los ritmos y las pausas son muy importantes en el humor. El texto y la estructura pueden estar perfectos pero si no dejamos una pausa en el momento indicado, la gente no se ríe. ¿Cómo hacerlo? Es algo muy difícil de transmitir y cambia de un chiste a otro. El escenario es el lugar donde aprendemos a sentir los ritmos y las pausas con el público. No todos los públicos quieren o necesitan la misma velocidad. Hay shows donde conviene hablar más rápido y otros más pausado. También se aprende con experiencia. Basta con ver videos de comediantes conocidos en sus inicios y compararlos con los más recientes. En general la diferencia es enorme. Los más frenéticos se calman y hablan más lento y pausado y los estáticos se sueltan y se energizan.

Lo que sí es más fácil de aprender es dejar una pausa cuando la gente se ríe. En general, pasa después de un remate pero también puede ocurrir inesperadamente en otro momento. En ambos casos hay que hacer lo mismo: parar de hablar hasta que la risa casi se apague. No hay que dejar que se apague por completo porque de lo contrario se genera un momento muerto. Si el comediante habla cuando hay risas, el público no escucha lo que dice y pierde el hilo. Por miedo de que vuelva a pasar, pueden dejar de reírse del todo.

14. 2. 3. EL CUERPO

Preferentemente, los movimientos del cuerpo deben ser naturales. Para hacer *Stand Up* no hace falta aprender a actuar. Ya lo dije antes: la mejor forma es tratar de sentir las emociones del chiste, enfocarse en ellas y dejar que el cuerpo siga. No estés pensando qué hacer con tu cuerpo, dejá que el cuerpo siga tus palabras y tus emociones. Obviamente, si el comediante tiene habilidades de actuación, clown, acrobacia y lo puede integrar a su *Stand Up*, es un plus enorme.

Ícono del *Stand Up*: Jim Carrey

Jim Carrey era solo un niño cuando comenzó en la comedia haciendo imitaciones y chistes físicos para entretener a su madre, que siempre estaba enferma. Carrey tiene un talento único para hacer caras graciosas, voces locas y movimientos imposibles. Sabe exagerar las características distintivas del estado de ánimo o carácter de una persona. Lo hace casi literalmente en la película *La Máscara*. Hay que ver a Carrey para saber de qué estamos hablando, porque el talento de él es humor físico. No se puede plasmar en papel. Es posible imaginar el espectáculo físico que él puede hacer a partir de ideas como: "El hombre que tiene un orgasmo inesperado" y "Un hombre guiado literalmente por su pene dentro de un bar".

Algunos lo reducen al humor físico pero Carrey también logró hablar de cosas personales, como por ejemplo cómo fue crecer en un barrio pobre con su madre enferma, abandonados por su padre. Cuando dice que piensa en cosas insignificantes como «¿Qué pasaría si mis padres fueran al infierno?», se entiende que de algún modo le toca de cerca. También cuando describe un orgasmo como "Esas mini-vacaciones del dolor de la vida".

Carrey fue muy innovador en su forma de hacer *Stand Up*, por ejemplo su manera de saludar al público (como si se hubiera vuelto loco recitando la misma frase mil veces), su hábito de dejar caer el micrófono, sus gritos (antes de que nadie más lo hiciera) y sus explosiones de enojo (sacándose la camisa y tirándola al público.).

14. 2. 4. CÓMO TIRAR UN REMATE

Un remate se dice con convicción. Se te ocurrió, lo pensaste, lo escribiste, ahora tenés que defenderlo y decirlo con confianza. Y si no se siente, tenés que fingirlo. Si el comediante no cree que puede ser gracioso, la gente tampoco lo va a creer. No significa que haya que gritar los remates (para nada), pero sí decirlos con la intensidad de la emoción que acompaña al chiste, con la actitud.

Muchos bajan la voz y miran hacia abajo cuando llega el remate. Hay que hacer lo opuesto, por más difícil que sea. Si tus nervios son tan obvios (tiembla tu cuerpo y tu voz) que el público los puede percibir, lo mejor es hacer un par de chistes sobre esa falta de seguridad en uno mismo. Como se nota, no habrá que ni actuarlo y será auténtico. Con las risas, el comediante va tomando confianza y va a poder actuar cada vez con más seguridad.

14. 2. 5. NO SE PIDE PERMISO

Un comediante no pide permiso al público para hablar sobre algún tema. Es libre de elegir de qué quiere hablar y lo tiene que imponer con la actitud de "¡Esto es lo que tengo para decir, ahora escúchenme!".

Algunos comediantes parecen pedir permiso haciendo preguntas, veamos algunas: "¿Alguien más fue de viaje a Europa?", esperando que alguien diga que sí para hablar de eso. Esa pregunta solo sirve para generar una interacción verdadera con el público, y si solo es para obtener un "sí" o un "no", es como querer obtener la aprobación del público sobre el contenido de su monólogo. Otra frase típica para pedir permiso es: "¿Alguien más piensa que...?". Cuando no hay alguien que piense lo mismo o alguien que reaccione y el comediante hace su material igual, pareciera que le importara muy poco lo que pensara el público. Si lo va a hacer igual, ¿para qué pedir permiso?

14. 2. 6. ACTUAR UN CHISTE TONTO

Cuando un comediante hace un chiste considerado tonto, infantil o fácil, lo tiene que asumir demostrando que lo sabe. De lo contrario, no funciona y el público se desconecta. Pasa mucho con los juegos de palabra y literalidad. Yo tengo por ejemplo el siguiente chiste: "Me encanta vivir en Argentina porque acá soy especial. Acá digo que soy de Bélgica y a la gente le parece interesante. Allá digo lo mismo y me dicen: 'Y… yo también soy de Bélgica". Este chiste solo funciona si hago saber al público que sé que es un chiste tonto (en general con la expresión de mi cara).

14. 2. 7. CUANDO HAY POCO PÚBLICO

Llegar a un show y descubrir que hay poco público nos pone mal. Es perfectamente entendible. Estuvimos escribiendo, trabajando y ensayando el material, y ahora hay que actuar para seis personas. A todos nos pasa de llegar a un show y que haya poco público (menos de quince personas). Hay que saber que en este caso, la gente no se ríe tan fuerte. No necesariamente quiere decir que no la está pasando bien.

Los factores que hacen que sea más difícil generar un buen clima y hacer reír cuando hay poca gente son:

~ La gente está más expuesta: no se anima a reírse tan fuerte por miedo a que los demás puedan identificar de quién es la risa (mucha gente tiene vergüenza de su propia risa) y también sienten que el comediante los puede ver mucho más (y no pueden desaparecer dentro del público como cuando hay más gente).

~ La gente puede pensar que el show no será gran cosa (ya que hay tan poca gente).

~ Falta la fuerza contagiosa de la risa. Si un chiste funciona menos o no funciona, no necesariamente quiere decir que es un mal chiste.

~ Cuando hay poca gente, el comediante puede ver exactamente quién se ríe y quién no. Cuando hay muchísima gente y la mitad no se ríe, el comediante ni lo nota. Por eso es mucho más fácil actuar para cien personas que para diez, y para 500 es más fácil todavía.

Conviene interactuar más con el público cuando son pocos. Vas a lograr que se relajen y se conecten rápidamente con vos. Lo más importante es no enojarte con la gente que sí está, porque ellos son los que ¡sí vinieron! Con ellos, hay que estar agradecido y esto se les puede decir literalmente. Esto hace que se distiendan.

14. 3. PROBAR MATERIAL NUEVO

14. 3. 1. ¿CÓMO PROBAR CHISTES NUEVOS?

Para dar una chance de verdad a los chistes nuevos, conviene que la gente esté riéndose porque cuesta decirlos con mucha confianza y actitud (no sabemos todavía si van a funcionar). Y como es importante ganar la confianza del público lo antes posible, no nos podemos arriesgar con material nuevo. Entonces hay que comenzar con chistes que ya funcionan para que los espectadores se rían y se relajen de entrada. Tampoco sirve presentar material nuevo al final porque siempre hay que irse de la mejor forma posible.

Entonces el material nuevo tiene que ir entre material ya probado y en diferentes momentos del monólogo. Porque si no funciona, corremos el riesgo de perder al público. Hay que pensar en la actuación como una cuenta bancaria: conviene mantenerla en positivo durante toda la actuación. Si tres chistes generan risa, puede haber dos que fallan, pero con el tercero tiene que volver la risa. Si no, dejarán de escuchar. Por eso, en la parte que pruebes chistes nuevos, lo mejor es hacer tres chistes ya probados, dos chistes nuevos, tres chistes probados, etc. Así, das una chance a tus nuevos chistes.

Los chistes probados te dan una referencia también. Sabés cuánta risa generan en general; y si, por ejemplo, no se rieron mucho con tus chistes probados y tampoco con los nuevos, no podés saber si los chistes nuevos son buenos o malos. Fue una noche difícil en general.

Para ilustrar ese punto, hay una anécdota de un juicio contra Eddie Izzard. Después de un show en el *Madison Square Garden* en Nueva York para 7000 personas, Izzard fue denunciado por varios espectadores porque decían que parte del mismo show ya la habían escuchado el año anterior en otro show de él. Se sintieron estafados. Izzard se defendió explicando al juez que siempre prepara su show nuevo probando partes en el show anterior, porque necesita probarlos de a poco con un público de verdad. El juez entendió el punto de vista de Izzard y también el del público, y condenó a Izzard a una multa simbólica de un dólar.

14. 3. 2. ¿CÓMO SALIR ELEGANTEMENTE CUANDO UN CHISTE NO FUNCIONA?

Cuando probamos material nuevo, algunos chistes no funcionan. Cuando son muchos, la situación se puede volver muy incómoda. El público pierde la confianza en el comediante, se aburre y hasta puede dejar de prestar atención al comediante, y al show en su totalidad. Aunque cuente un buen chiste después, puede ser tarde. Entonces es importante mantener a la gente riéndose, aunque los chistes no funcionen. Existen varias formas de hacerlo.

REMATES SALVADORES

Una primera estrategia es usar remates salvadores. Uno puede ser sobre el hecho de que un chiste no fue gracioso. Si funciona y la gente se ríe, no se decae el show. Este tipo de remates genera mucha complicidad con el público porque el comediante reconoce que el chiste no salió bien. Así muestra que está atento y que le preocupa cómo la está pasando el público.

El peligro de esos chistes es que pueden funcionar tan bien que algunos comediantes se confunden y arman su rutina en base a ellos. Algunos hasta llegan a construir toda una persona escénica basada en "el tipo que hace chistes malos y se la banca". Es un error. Estos chistes solo están para ayudar a que el proceso de construir material sea menos doloroso. No son remates de verdad y no son originales. La mayoría de los comediantes usan los mismos.

<u>Ejemplos de remates salvadores:</u>

Estas respuestas se usan principalmente en los *open mics*, donde el público sabe que los comediantes están probando cosas nuevas.

~ "Sí, tienen razón, ese chiste es malísimo. Lástima que no me di cuenta antes".

~ "Ok, este chiste se va, no lo voy a decir nunca más".

~ "Yo también esperaba más de ese chiste".

~ "Lo voy a mejorar".

~ "A mí me gusta".

~ "Por lo menos aprendieron algo, (no todo es un chiste)".

~ "¿No? ¿No está bueno?".

~ "El chiste es que no hay remate".

~ "Lo que hubiera estado bueno es que allí vendiesen un buen remate para este chiste", (cuando por ejemplo estás hablando de un local, bar o restaurante).

~ "Con otro público ese chiste funciona, pero se ve que ustedes son demasiado inteligentes/jóvenes", (la idea acá es tirarle un cumplido al público).

Hay uno que funciona mucho cuando un comediante no es muy atractivo:

~ "Con otro público ese chiste funcionaría, pero se ve que ustedes están demasiado fascinados con mi facha".

USAR EL SILENCIO

Cuando un chiste no funciona, el comediante se puede quedar parado, mirando fijamente al público, hasta generar tanta tensión que la gente se ría igual. Hay que tener bastante confianza para hacerlo (porque un segundo sin hablar en el escenario se siente como diez minutos fuera de este). No se puede repetir demasiadas veces. Es para hacerlo una o dos veces por show.

ERROR EN EL HABLA

Si te equivocaste al hablar, podés decir: "Ups, doblé mi lengua, vamos a rebobinar el tiempo" (se puede hacer el sonido). Y arrancás de vuelta con el chiste. Cuando me pasa a mí, en general digo: "Uy, dije mal el chiste y la cagué". Casi siempre se ríen. Es otro ejemplo de que cuando algo sale mal, conviene simplemente reconocer lo que está pasando.

14. 3. 3. ¿DÓNDE PROBAR MATERIAL NUEVO DE *STAND UP*?

UN SHOW

Para que un chiste nuevo tenga una oportunidad real, lo mejor es que el público no sepa que el comediante está probando material, porque en este momento el público sale del rol de público normal y se pone en el papel de juez (en lugar de escuchar simplemente, se pregunta: «¿otras personas se reirían de eso?») o de hincha (te apoyan demasiado, o sea se ríen de absolutamente todo). Ninguno de los dos sirve.

Solo podemos probar un número limitado de chistes nuevos por show porque lo más importante siempre es hacer reír. No importa si es un *open mic* o un show profesional. Ese día el público conoce al comediante y va a decidir si es gracioso o no, aunque se aclare que es un show para probar material. Ya lo dijimos antes: para el público hay personas que son graciosas y otras no. Para ellos no existen libros ni cursos.

OPEN MIC

Cuando aún no tenés el nivel para actuar en un show profesional, el *open mic* es el espacio más cómodo para probar material y ganar práctica escénica. Algunos aspectos se deben tener en cuenta con respecto a los *open mics*. Lo primero es que muy pocos tienen público de verdad. La mayoría cuenta con comediantes que también van a subir al escenario esa noche como espectadores. Con ellos, en general, pueden pasar dos cosas: o que le ponen mucha onda (demasiada) porque son amigos/as, compañeros/as, o no le ponen nada de onda porque ya nada los hace reír, por envidia, cansancio o porque van a subir y están repasando lo que ellos van a decir.

El segundo tema de los *open mics* es que muchos de ellos se realizan en restaurantes o bares. Si bien la considero como una experiencia que hay que pasar para ganar aprendizaje, allí no están dadas las condiciones para un show. Más allá de que el lugar no estará armado como un club de comedia (con respecto a sonido, luces, escenario, ruidos molestos, etc.), los comensales que van a cenar serán tu público y, en la mayoría de los casos, ni siquiera saben que van a encontrarse con un show de humor. Puede pasar que ellos quieren charlar con quienes hayan ido y que no te presten atención, charlen encima, o hasta que te pidan que te calles. Con lo cual, si tu chiste no funciona, no necesariamente hay que desecharlo o modificarlo porque no es un público genuino. Generalmente, te prestarán atención las mesas que estén más cerca del escenario, quedate con ellas, hacé contacto visual y olvidate de las mesas de atrás.

AMIGOS

Se puede probar material en el día a día, por ejemplo, con amigos. Lo importante es que el comediante no diga que está probando chistes para su show, porque esto hace que se pongan muy exigentes. No se van a reír. Van a decir si está bueno o no. Ese comentario no sirve. En cambio, si el chiste los sorprende y los hace reír espontáneamente, entonces funciona.

Cuando los amigos no se ríen, tampoco significa que el chiste no sea bueno. No están dadas las circunstancias de un show de *Stand Up* donde se genera un clima íntimo sin distracciones. Y también pasa lo contrario, se ríen con historias y anécdotas que no causan gracia a un público desconocido.

FAMILIA

¡No actúes para tu familia! Lo van a pedir, ¡sabelo! Es un error que comete la mayoría de los comediantes novatos. La familia se entera de que hacés *Stand Up* y quieren un show exclusivo. ¡No lo hagas! Ni con material nuevo ni probado. No importa cuánto te lo pidan, cuánto supliquen. Yo cometí el error… ¡tres veces! Siempre fue un desastre. Tu familia te conoce de una forma demasiado particular para que los hagas reír con tu material escrito para un público desconocido. Lo único que podría funcionar es un material específicamente para ellos, riéndote de ellos o de cosas que pasaron en la familia.

CAPÍTULO 15

Hacerse bueno

15. 1. ACTUAR MUCHO

Lo más importante al principio es actuar mucho porque cuanto más tiempo un comediante pasa en el escenario, más cómodo se siente. Cada vez será más natural y expresivo. La forma óptima de mejorar la actuación es actuar. Actuar mucho también hará que la escritura mejore porque permite probar las ideas rápido con un público de verdad y pulir el material. Como dije antes, un chiste puede necesitar de veinte a treinta pruebas con el público para quedar bien asentado.

Antes de preocuparse (y ocuparse) de que las personas indicadas te vean, es importante hacerse bueno. La prioridad de un comediante al principio tiene que ser llegar a un nivel a donde casi siempre se obtengan risas. Si todavía hay muchos altibajos, conviene no promocionarse demasiado hasta que esto cambie. Tampoco conviene actuar en un show que esté encima de tu nivel. Te puede ir mal en un *open mic* y no pasa nada. Si te va mal en un show profesional, no te van a volver a llamar muy pronto de ese lugar.

Si tu ambición es llegar a ser profesional, deberías actuar como mínimo una vez por semana. En ciudades como Nueva York y Londres, los comediantes suben ocho, nueve veces por semana al escenario. Si solo actúas una vez por mes, el *Stand Up* solo va ser un pasatiempo. Está perfecto, pero no se puede pretender más que eso.

15. 2. ¿DÓNDE ACTUAR?

Al principio la mayoría de los lugares para actuar se consigue a través de las redes sociales. En caso de clubes de comedia, hay que contactarlos directamente. Para presentarse en otros shows, hay que llegar a los productores de estos. Una vez en el circuito, se consiguen espacios conociendo gente del rubro. Tus colegas te recomendarán a dónde actuar y algunos de ellos tendrán su propio show. Hay que ofrecerse pero sin ser demasiado insistente, esto puede ser muy molesto. Primero, tenés que ser tu propio productor. Más allá de tu nivel como comediante, ¡no esperés que te llamen! Hay que persistir. Una buena función no hará que de repente te llamen de todos lados.

GENERAR TU PROPIO SHOW

Si no hay muchas posibilidades para actuar, por la razón que fuese, uno puede generar sus propios espacios. Hay que armar un elenco (puede ser fijo o con comediantes rotativos) y ofrecer el show en bares, restaurantes, centros culturales, a donde se te ocurra. A este tema lo ampliaré en el libro *Manual de Stand Up II*, en el que habrá un capítulo totalmente dedicado a la producción de shows de *Stand Up*.

15. 3. APRENDE DE LOS MEJORES

Para aprender, hay que ver buenos comediantes. Ellos te enseñarán lo que funciona y podrás observar cómo cada uno logró un estilo bien personal y diferente. El actor Ian McKellen (conocido por sus papeles en *El señor de los anillos y X-Men*) dijo que cuando era joven y decidió estudiar actuación, quiso estudiar la actuación excelente porque no quería ser actor, quería ser un actor excelente.

Hay que ver a los grandes del género y ¡en vivo! Insisto en lo último porque no es lo mismo ver a un comediante en un teatro que en un video. En el último, falta el elemento más importante del *Stand Up*: la energía del público. Es como ver un recital en vivo o por YouTube.

No tengas miedo de copiar el estilo de tus comediantes preferidos sin darte cuenta. Aprendemos imitando, lo hacemos desde que nacemos y, sin embargo, todos terminamos siendo personas únicas. No es algo por lo cual haya que preocuparse.

Te cruzarás con buenos comediantes en los *open mics*. Aprovechá y aprendé de ellos. No les cuentes lo bueno que sos (eso lo verán en el escenario)… Escuchalos. Tratá de descubrir cómo escriben material, cómo se preparan, cómo se promocionan.

15. 4. ¡CADA VEZ SE HACE MÁS FÁCIL!

Esto es lo contradictorio del *Stand Up*. En general cuando aprendés algo, arrancás en el nivel más bajo, más fácil, y vas subiendo. En *Stand Up* es al revés. Después de la muestra y los primeros shows para amigos y familiares, se vienen los shows más difíciles: shows con pocos espectadores o público de comediantes únicamente. Cuando un comediante se hace bueno, actúa para gente que pagó una entrada. Se hace más fácil. Y cuando él/la comediante se vuelve famoso/a, se hace más fácil todavía porque la gente viene especialmente a gozar de su actuación. Actúa para públicos más heterogéneos y no tiene que ganárselos. Ya lo conocen, saben lo que hace y vienen por eso.

15. 5. COMPORTAMIENTO ARRIBA Y AFUERA DEL ESCENARIO

Un club de comedia espera que el comediante:

~ Llegue a horario.

~ Trate bien a los empleados del lugar y al público.

~ Esté listo para actuar cuando llegue su momento.

~ Haga reír.

~ Respete su tiempo en el escenario.

Obviamente lo que más esperan de un comediante es que haga reír. Y cuánto más risas, mejor. Un club de comedia no se deja guiar por gustos personales, se deja guiar por las respuestas del público. Los productores prefieren trabajar con comediantes sólidos que se comportan de manera profesional que con comediantes geniales en los que no se puede confiar. Lo ideal es ir a conocer el lugar para ver el funcionamiento y saber cómo manejarse. Tener toda esa información de antemano permite enfocarse en actuar más concentrado el día de la actuación.

15. 5. 1. LA PUNTUALIDAD

Llegar a horario es importante como en cualquier ambiente de trabajo. Y si llegás tarde, tenés que avisar. Al productor le tranquiliza saber que el comediante está en camino o por llegar.

15. 5. 2. SER BUEN PÚBLICO Y BUEN INVITADO

Un público enfocado es crucial para una buena actuación. Mientras un comediante espera su turno fuera del escenario, tiene que ser un miembro ejemplar del público y no una distracción. Hay que apoyar a los demás comediantes. Puede charlar con colegas o invitados fuera de la sala para no perjudicar el show. Suena obvio pero no lo es. Algunos comediantes charlan en las funciones de otros o hacen chistes arriba del escenario sobre camareros o demás empleados del lugar, y ese tipo de cosas es un error.

Los productores prestan tanta atención a cómo los comediantes se portan tanto abajo como arriba del escenario.

15. 5. 3. ESTAR LISTO PARA ACTUAR CUANDO LLEGUE EL MOMENTO

Antes de que comience el show, dan el orden de los comediantes. Es la responsabilidad del comediante estar listo para subir al escenario en el momento correcto, prestando atención al comediante que le precede. El tiempo en el escenario es limitado, así que no conviene perder tiempo en llegar allí.

15. 5. 4. RESPETAR EL TIEMPO

Bajarse a horario parece evidente, pero es lo que más les cuesta a los comediantes. Cuando te piden hacer diez minutos, hay que hacer diez; ni más, ni menos. Respetar el tiempo hace que un comediante sea profesional. Siempre está el/la que hace menos cuando le va mal y el/la que hace más cuando le va bien.

En general los lugares tienen horarios estrictos, especialmente cuando hay varios shows programados en la misma noche. Si un comediante se retrasa, se retrasa todo. Genera desorganización y clientes disconformes, que están esperando el siguiente show. También se van a enojar los demás comediantes porque si está estipulado que el show termine a determinada hora, van a tener menos tiempo y a ningún comediante le gusta eso. Lógicamente no hay que seguir esas reglas si el productor te da el permiso explícito de hacer menos tiempo o más. Puede pasar que el lugar no sea estricto con los tiempos y te dé más libertad, pero eso es decisión de la producción y no del comediante.

CUANDO TE VA BIEN

A veces pasa que un comediante la está rompiendo y, como el público la está pasando tan bien, piensa que en este caso es justificado pasarse. ¡No! Tu tiempo es tu tiempo. Al siguiente comediante también le puede ir excelente y le estás quitando tiempo al pasarte.

Después de tu show, quizás el espacio tenga programado otro show. Y si no es así, capaz el lugar tiene que pagar más a sus empleados por haberse quedado más tiempo, no sabemos, lo que fuera. Por algo te piden un tiempo específico. Además, si te va bien, es mejor dejar al público con ganas de más. Así te van a llamar pronto para que vuelvas.

Tampoco vale hacer menos cuando te va mal. Si te pagan por hacer diez minutos, tenés que hacer diez minutos, aunque haya un silencio atroz por parte del público. Si el público pagó por un show de una hora, hay que darle una hora. Te pueden reclamar que no hiciste reír, pero al final no es algo que puedas tener bajo control. Solo podés poner tu máximo esfuerzo. Lo que sí tenés bajo tu control es el tiempo que estás en el escenario.

Lo peor es hacer más tiempo cuando va mal. Pasa porque el comediante quiere salvar su actuación con lograr por lo menos una buena risa antes de irse, pero como no llega, sigue y sigue. ¡No! Lo mejor que puede hacer un comediante en esta situación es reconocer ante los espectadores que su actuación no salió como lo esperado, y con eso tendrá la risa más fuerte posible esa noche.

15. 6. ARREGLO CON EL PRODUCTOR

15. 6. 1. LA CONVOCATORIA

Algunos shows, especialmente donde actúan comediantes novatos, piden que lleves público para poder actuar. No está mal. El productor tiene el derecho de pedir lo que le parezca mejor y el comediante tiene el derecho de aceptar o rechazar según lo que le convenga. La primera pregunta es: «*¿A dónde vas a llevar a tu público?*». Lo ideal es que tus invitados la pasen bien, que disfruten de un buen show y tal vez coman algo rico a un precio razonable. Si tus invitados tienen que pagar una entrada, lo lógico es que recibas un porcentaje de sus entradas. La segunda pregunta es: «*¿Cuántos invitados te conviene llevar?*». Hay que pensarlo bien, especialmente el comediante nuevo porque no importa la cantidad de amigos y familiares que tenga para llevar, en algún momento se van a acabar. Hay que administrar bien a tus invitados. Como lo más importante al principio es sumar experiencia, conviene llevar entre uno o dos invitados por show y no diez a uno.

15. 6. 2. CANCELAR UN SHOW O UNA ACTUACIÓN

Cuando alguien te invita a actuar en un show y aceptás, se genera un compromiso de ambos lados. Lo ideal es que arreglen el lugar, la hora, el tiempo de actuación y la remuneración. Ambos tienen que cumplir con su parte. Hay una excepción aceptada en el mundo del *Stand Up* y es cuando al comediante le sale un evento privado la misma fecha. Muchas veces se paga cuatro, cinco veces más que un show en un club de comedia o bar y un productor no puede tomar a mal una cancelación del comediante en este caso. Por suerte un evento en general es contratado con mucha anticipación y eso permite al productor buscar un reemplazante. Obviamente el comediante también puede cancelar por enfermedad o alguna urgencia personal. Lo importante es avisar lo antes posible.

Si un productor cancela, depende mucho con cuánta anticipación lo hace y para qué día de la semana estaba programado el show. No es lo mismo cancelar un show un lunes a la noche con una semana de anticipación que un sábado un par de horas antes. Es muy probable que un sábado hubieras conseguido otro show, un lunes no. Cuando el show se suspende (por el motivo que fuera), cuando ya estás en el lugar, el productor tiene que pagarte igual. Viajaste al lugar, estás ahí, rechazaste cualquier otro show para estar y tu tiempo vale.

15. 7. CAMINO DEL COMEDIANTE

Para mí hacer reír es lo más lindo que hay, y poder vivir de eso realmente es una bendición, es una posibilidad abierta a todos y todas. No es fácil. Hay ciertas dificultades para tener en cuenta. Muchas veces no tiene que ver con ser gracioso o no. Acá algunas recomendaciones para no bajar los brazos.

15. 7. 1. PACIENCIA Y PERSISTENCIA

"El talento solo es el diez por ciento": esta frase se escucha en muchas disciplinas y la verdad que en el *Stand Up* es así también. El que tiene paciencia y persiste, va a llegar más lejos. Acá la traducción de un consejo de Louis C.K., considerado el mejor comediante de *Stand Up* del momento: "Tenés que saber que no será fácil, que te llevará mucho tiempo para ser bueno o excelente. No te enfoques en tratar de tener éxito. Enfocate en volverte más gracioso. Cuando comenzás a quejarte de a dónde llegó otro comediante, estás yendo en la dirección totalmente equivocada. Nadie está tomando tu lugar ni tu dinero. Hay que tener presente que estás para un viaje largo, con muchos altos y bajos. En promedio lleva 15 años, en general más, para ser un comediante excelente. La mayoría abandona antes".[1]

1 | La traducción es del autor.

15. 7. 2. ENVIDIA Y RESENTIMIENTO

Louis C.K. habla de otros aspectos muy importantes: la envidia y el resentimiento.

Es normal sentir envidia y resentimiento. A todos nos pasa. Lo importante es que no te domine, que no te amargue, que no te haga hablar mal ni tirar mala onda. No importa a dónde estés en la carrera, siempre va a haber alguien que llega más lejos, alguien que vende más entradas, alguien que tiene más seguidores, alguien que logra más risas, alguien que tiene un estilo o material más original.

Hay que aprender a disfrutar el camino, confiar en que las cosas llegan cuando tienen que llegar y que lo más importante es hacer algo que convenza a uno mismo y disfrutar las risas. Alguien que ama jugar al fútbol lo disfruta, no importa la cantidad de gente que lo vaya a ver (aunque obviamente es más excitante jugar en un estadio lleno que en un estadio vacío). Si no te pasa, tal vez el *Stand Up* no sea para vos y está perfecto (yo probé una docena de trabajos diferentes hasta encontrar lo que realmente me gusta a los treinta años).

15. 7. 3. EXPECTATIVAS DE LOS DEMÁS

No te dejés atrapar por las expectativas de los demás. Es algo que hay que aprender a manejar. Habrá gente que te diga: "Tendrías que hacer esto… Tendrías que hacer lo otro…". El camino de cada uno es diferente y el concepto del éxito también.

15. 7. 4. LA AUTOEXIGENCIA DE LOS COMEDIANTES

Con el *Stand Up* vas a aprender a manejar las expectativas, las propias y las de los demás. Al principio muchos sienten la obligación de tener que hacer reír a todo el mundo.

Puede ser por contenido o por estilo, pero siempre va a haber gente que piense que no sos gracioso, por más éxito que tengas. Por ejemplo, pensá en tu comediante favorito. Seguramente uno de tus amigos considera que no es tan gracioso. Aceptarlo es signo de madurez como comediante, el principio de mucho menos sufrimiento y el primer paso para encontrar tu propio público. En resumen: no le vas a gustar a todo el mundo, y ese no es un problema.

15. 7. 5. PERSPECTIVA

Ser comediante tiene sus particularidades. Hay comediantes muy talentosos que no llegaron a ser profesionales o que ya no viven del *Stand Up* por razones que tienen que ver más con actitudes que están fuera del escenario. Estoy hablando de obstáculos psicológicos.

Se puede observar en el mundo del *Stand Up* que casi nadie, no importa el éxito que tenga, es feliz con el lugar en el que está en su carrera. La vida del comediante tiene muchos altibajos. Para no perderse en el camino, puede ayudar reflexionar con las siguientes afirmaciones.

~ Todo lleva tres veces más de tiempo de lo que uno siente que tendría que llevar.

~ Lo que se siente injusto en el momento tiende a equilibrarse a largo plazo.

~ Hay que tener paciencia y no saltear demasiado los pasos. Hay comediantes que generan un montón de convocatoria por las redes y después se dan cuenta de que no tienen con qué sostener el show.

~ No gastés tu energía en enfocarte en lo que otros tienen y trabajá en vos mismo/a.

~ Siempre hay algo que podés mejorar.

~ Tus altibajos crecen con el tiempo. Lo que te parecía genial hace dos años, ahora te puede parecer mediocre.

~ Productores, dueños de salas, comediantes: todos tienen miedo. En general toman decisiones que nadie reprochará si salen mal, más que tomar riesgos por los cuales obtendrán créditos si salen bien. Aceptalo y tomalo en cuenta.

~ Ya no necesitás permiso de nadie. Si querés crear algo, hacelo.

~ Seguí generando cosas y moviendo tu carrera. Lo único que realmente podés controlar es seguir produciendo y puliendo tus ideas.

~ Hacer comedia te va a ayudar a conocer a algunas de las personas más grandes e interesantes del mundo. También vas a conocer a los más locos. A veces son la misma persona.

~ Recordate que amás hacer reír, sobre todo en las noches más duras.

Hay que mantener la perspectiva. Las cosas no se logran de la noche a la mañana. Podemos ver a comediantes como Agustín Aristarán (SoyRada) y Martín Pugliese, que llenan teatros, y querer que lo mismo nos ocurra ahora, pero ambos tienen más de quince años de trayectoria. No es casualidad que llegaran a donde llegaron. Cuando admiramos a alguien, conviene investigar un poco, cómo hizo para llegar a donde está y cuánto tiempo le llevó. Nos hace ser más realistas y nos frustramos menos cuando las cosas no salen de una.

¡Te deseo mucho éxito
en el camino del Stand Up!

Kristof

Revolucionamos
el mundo literario

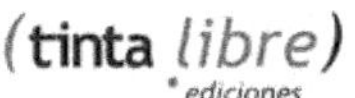

(tinta *libre*)
ediciones

Este libro se terminó de imprimir
en octubre de 2020
Córdoba - Argentina

www.tintalibre.com.ar
info@tintalibre.com.ar
+54 351 3581899